利尻島
りしりとう

オホーツク海
かい

北海道
ほっかいどう

国後島
くなしりとう

択捉島
えとろふとう

札幌
さっぽろ

北海道
ほっかいどう

歯舞諸島
はぼまいしょとう

色丹島
しこたんとう

津軽海峡
つがるかいきょう

青森
あおもり

青森
あおもり

秋田
あきた

盛岡
もりおか

秋田
あきた

岩手
いわて

東北
とうほく

山形
やまがた

宮城
みやぎ

山形
やまがた

仙台
せんだい

福島
ふくしま

福島
ふくしま

茨城
いばらき

水戸
みと

関東
かんとう

太 平 洋
たい へい よう

0　40　80　120　160　200km

JAPANESE FOR BUSY PEOPLE

II

JAPANESE FOR BUSY PEOPLE

II

Kana Version

Association for Japanese-Language Teaching

KODANSHA INTERNATIONAL
Tokyo ▪ New York ▪ London

The Authors: The Association for Japanese-Language Teaching (AJALT) was recognized as a nonprofit organization by the Ministry of Education in 1977. It was established to meet the practical needs of people who are not necessarily specialists on Japan but who wish to communicate effectively in Japanese. In 1992 the Association was awarded the Japan Foundation Special Prize.

The Association maintains a web site on the Internet at www.ajalt.org and can be contacted over the Internet via info@ajalt.org by teachers and students who have questions about this textbook or any of the Association's other publications.

Distributed in the United States by Kodansha America, Inc., 575 Lexington Avenue, New York, NY 10022, and in the United Kingdom and continental Europe by Kodansha Europe Ltd., 95 Aldwych, London WC2B 4JF.

Published by Kodansha International Ltd., 17-14 Otowa 1-chome, Bunkyo-ku, Tokyo 112-8652, and Kodansha America, Inc.

ISBN 4-7700-2051-1

First edition, 1990
Revised edition, 1994
Kana version, 1996
02 03 04 05 06 07 08 09 10   15 14 13 12 11 10 9 8 7

www.thejapanpage.com

CONTENTS

Preface for the *Kana Version* of *Japanese for Busy People*

When *Japanese for Busy People I* was first published in 1984, many non-native learners, particularly from non-*kanji* cultures, considered Japanese one of the world's most difficult languages because of its seemingly inaccessible writing system. *Japanese for Busy People* was designed especially for such learners—be they businessmen from English-speaking countries or learners of Japanese-as-a-second-language from other parts of the world—people wished to learn natural, spoken Japanese as effectively as possible in a limited amount of time. To this end, romanized Japanese was included in the *Japanese for Busy People* series so that learners both inside and outside Japan, as well as non-native instructors, could use the textbook to its full extent without the need to read Japanese script. As a measure, however, *kana* and *kanji* were progressively introduced through volumes I to III.

But in the decade since *Japanese for Busy People's* first publication, there has been a growing increase in the number of people learning Japanese-as-a-second-language throughout the world. Many of them are now interested in studying Japanese in a more comprehensive way, and wish to learn to read and write as well as speak and understand what is said to them. Educationalists have pointed out the problems of teaching and learning accurate and natural pronunciation through romanization, as well as the inconvenience of not being able to read and write at an early stage. AJALT has received many requests to drop romanization and include more exercises in *kana* and *kanji*. In this, the *Kana Version* of *Japanese for Busy People*, all romanization has been omitted so that the learner can now learn Japanese directly through native script from Book I.

We sincerely hope that the book will be of much use for the many people interested in Japan and the Japanese language.

September 1995
Association for Japanese-Language Teaching (AJALT)

About the *Kana Version* of *Japanese for Busy People II*

How can *Japanese for Busy People* help you learn Japanese?

The aim of *Japanese for Busy People* is to help you learn essential Japanese quickly as possible, so that you can actually communicate with native speakers in their own language. It has been prepared under the guidance of a working group of AJALT's experienced and specially-trained language instructors who have tested and revised the material in a classroom environment. *Japanese for Busy People II* aims to help you learn Japanese by increasing your awareness of just what *kind of language* Japanese actually is through basic conversation patterns.

The *Kana Version* is a basic textbook for students who intend to master the native *kana* and *kanji* scripts early on in their studies. This edition is designed so that it can be used by those attending a course in Japanese and for self-study in combination with either the cassette tapes or compact discs (and indeed all other components in the *Japanese for Busy People* series).

What does *Japanese for Busy People II* cover?

Japanese for Busy People II carries on from where Book I leaves off, and as in the first volume, covers "survival Japanese." This means all the language that you learn—conversation patterns, sentence structures, grammatical principles, and vocabulary—can be put to immediate use in conversational situations with native speakers.

Unlike many other textbooks that overwhelm the beginner with an excessive and all-to-often irrelevant amount of information, *Japanese for Busy People II* limits vocabulary and grammar patterns to what is essential for the most common situations in which non-native speakers need to communicate in Japanese. Simplistic or even juvenile ways of expression that abound in most introductory texts have been abandoned in favor of uncomplicated *adult* speech. Much more than simple grammatical accuracy, emphasis has been placed on natural and authentic linguistic patterns actually used in Japanese communication.

These then are the specifications that we believe make *Japanese for Busy People II* the essential textbook not only for busy, working people who want to learn basic Japanese, but also for people who already know some Japanese but wish to review the phrases they know and reconfirm that they are using them in the correct situation.

What *Japanese for Busy People II* does not include

The *Kana Version* assumes that you are thoroughly familiar with *hiragana*, *katakana*, and the twenty *kanji* introduced in Appendix M of Book I. Learners should also be confident with the grammar and vocabulary in Book I. We recommend that anyone who has difficulty with the first lessons in this book should review that text before proceeding to the more advanced material.

The structure of _Japanese for Busy People II_

Each lesson is based on one distinct conversational situation, and in a total of twenty lessons are included two reading reviews in Lessons 10 and 20. At the back of the book you will find three appendices covering among other things, particles and verb conjugations. We have also included suggested answers to the Quiz sections, two glossaries, and a full index of the main grammatical items introduced in this book. The Opening Dialogues are presented in the standard vertical form of Japanese writing in the Supplement. The map of Japan printed on the front endpapers and the list of new _kanji_ used in this text-book printed on the back endpapers should also prove useful to your studies.

Typically the lessons evolve around a practical topic or a cultural theme such as reserving hotel rooms and discussion of the rules of sumo wrestling. The title of the lesson and the English topic sentence at the beginning of the lesson should give you a firm idea of the content of the dialogue or reading passage.

A new feature in Book II is the use of _kanji_ throughout this textbook. On its first occurrence on a page, a _kanji_ is accompanied by _furigana_ (the contextual reading of the character in _hiragana_ printed below the _kanji_.) An exception to this rule is made in the sections about Grammar & Lesson Objectives and Notes where _furigana_ is added to all the _kanji_.

An idiomatic English translation of the dialogue or reading passage appears immediately after the Japanese text. New vocabulary and new usages of previously learned vocabulary are introduced in a list with their English equivalents. Note that new vocabulary is treated in exactly the same way when it appears for the first time in the Practice section.

New sentence patterns are explained in Grammar & Lesson Objectives. Since the same constructions may appear at earlier and advanced levels, grammatical explanations are not always treated comprehensively in one place and may to some extent be repeated. When appropriate, explanations include related constructions and patterns.

More detailed analysis of important words and phrases is included in the Notes section of each lesson. Here, we aim to explain, as accurately and briefly as possible, points that many non-native learners commonly find difficult to grasp. Although we have concentrated chiefly on offering linguistic information, in some cases we thought it necessary to add some social or cultural references.

The Practice section reinforces the main points of the topic. Key Sentences are given in both Japanese and English to provide further examples of language patterns and vocabulary usage. Many non-native learners will find these examples useful for reference even after completing all twenty lessons. Exercises encourage you to learn new vocabulary, to practice conjugating verbs, and to acquire many other communication skills. Short Dialogues summarize all new points introduced in the lesson through variations on the main situation.

Finally we have included a selection of problems in the Quiz section to enable you to check how well you have acquired the new language skills.

The two reading review lessons (Lessons 10 and 20) are somewhat different from other lessons in that they are presented in the form of written Japanese. In our experience, students learn Japanese most effectively when studying both conversational and written Japanese from the very beginning. The underlying rationale being that the two modes of communication, oral and written, are different, and it is thought best to highlight the difference at an early stage. When simply talking, speaker and listener share much information that could be omitted from the conversation without detriment to communication. In a story, report, or letter, however, it is essential to be more organized, structured, and explicit in order to communicate effectively.

The *kanji* in Books II and III

Modern Japanese is written primarily with three scripts: *kanji, hiragana,* and *katakana.* Arabic numerals and the English alphabet are also used when needed. Japanese is typically written as a mixture of *kanji* and *hiragana,* although the number of words written in *katakana* is increasing. *Katakana* is used for words borrowed from other languages, the names of foreign people and places, the names of plants and animals, and so on.

The Opening Dialogues in Book I are written only in *hiragana.* A few *kanji* are introduced in Appendix M of Book I, but from Lesson 1 of Book II they are introduced systematically. While *hiragana* is a phonetic writing system in that each symbol represents a specific sound, *kanji* are ideographic, that is, the characters represent ideas. Each one has its own meaning, and a glance at the *kanji* in a printed text will often reveal the content of the piece. Learning *kanji* is an essential element in learning the Japanese language.

In total, there are over 50,000 *kanji,* but the number used in daily life is between about 2,500 and 3,000. Many newspapers, magazines, and textbooks restrict themselves to the 1,945 *kanji* (called *jōyō kanji*) designated by the Japanese government in 1981 for writing Japanese.

Japanese *kanji* have two types of readings: the *on* and the *kun. On* readings are the Japanese versions of the Chinese pronunciations that were introduced into Japan from China together with characters themselves. The original Chinese pronunciations varied depending on the era and the region they originated from, so some *kanji* have two or more *on* readings. In most cases, though, only one *on* reading is used. *Kun* readings are Japanese words with meanings similar or identical to those of their associated *kanji.* Some *kanji* have several *kun* readings, while others have none. There are also a few *kanji* called *kokuji* that were created in Japan, and some of these lack *on* readings. In ordinary *kanji* dictionaries, when *furigana* is attached to *kanji,* the *on* readings are generally written in *katakana* and the *kun* readings in *hiragana.* Combinations of *kanji,* called *jukugo,* usually consist of only *on* readings or only *kun* readings. Some *jukugo,* however, include mixtures of *on* and *kun* readings.

The new *kanji* that appear at the end of each lesson are presented in the following form:

1. 会社
   カイシャ

Both 会 *kai* and 社 *sha* are the *on* readings, so the *furigana* are written in *katakana* as カ イ シ ャ. Since 社 has no *kun* reading, no *furigana* are given next to the boxes showing the stroke order. The *kanji* 会 also has the *kun* reading *au,* which is given under the *kanji* in *hiragana.* Since *au* is a verb, the verbal suffix appears in parentheses.

The complete stroke order for every *kanji* is shown progressively in the boxes, with the total number of strokes appearing in parentheses to the right. The stroke order is important both for writing and in order to know the number of strokes in a *kanji*. When looking up a word in a dictionary, even if you do not know the meaning or reading of a *kanji*, you can find it in the index listing characters by the number of strokes.

Some 220 *kanji* are introduced in Book II which together with the 120 new *kanji* in Book III makes a total of 340 characters. Additional *kanji* are also used throughout the text to write personal and place names as well as to refer to everyday words such as 駐車 禁止 "No Parking." These characters are only provided for recognition and the learner need not remember how to write them, only to read them.

The *kanji* chosen focus on the core requirements of Levels 3 and 4 of the Japanese Language Proficiency examination, augmented with a few characters that are widely used in business and everyday life. This means that learners who have mastered the 340 *kanji* covered in Books II and III, are well prepared to pass Level 3 of this internationally recognized Japanese language qualification.

This *Kana Version* has been designed so that learners are required to master an average of eleven *kanji* per lesson in Book II and six *kanji* per lesson in Book III. *Furigana* (pronunciation guides in the phonetic *hiragana*) are printed below a *kanji* the first time that it appears on a page. An exception to this rule is made in the Vocabulary, Grammar & Lesson Objectives, and Notes sections where *furigana* has been added to all *kanji* regardless of how many times that a *kanji* is repeated.

All 220 *kanji* introduced in Book II are used indiscriminately throughout the textbook. For example, a total of 31 *kanji* are used in Lesson 1. There is, however, no need for the learner to try and master all these characters at once. At the end of Lesson 1, we have selected the eleven new *kanji* that we recommend to be studied at this stage. When selecting *kanji*, priority has been given to those characters appearing in the Opening Dialogue. Several *kanji* required for Levels 3 and 4 do not appear in any of the dialogues in either Book II or III. In such cases, the *kanji* was identified and picked up from the Key Sentences, Short Dialogues, or Exercise sections. The important Level 4 *kanji* 西 "west" has been presented as a new *kanji* in Lesson 20 of this volume, even though it does not appear anywhere in Books II and III.

Abbreviations

aff.	affirmative
neg.	negative
ex.	example
Aa	answer, affirmative
A*n*	answer, negative
い adj.	い adjective
な adj.	な adjective

Other publications in the *Japanese for Busy People* series

Teachers and learners alike will find the following publications useful supplementary materials.

- The opening dialogues, reading reviews, key sentences, and short dialogues for all twenty lessons in *Japanese for Busy People II* have been recorded in authentic, natural Japanese on four audio cassette tapes and three compact discs.
- A workbook for *Japanese for Busy People II* provides drills, tasks, and activities to

improve oral and written fluency. Learners may also find the two sixty-minute audio cassette tapes of the workbook particularly helpful to self-study.

- The *Kana Version* of *Japanese for Busy People III* is currently being prepared by an experienced group of instructors at AJALT. This title will focus on further speech levels and styles.

ACKNOWLEDGMENTS for *Japanese for Busy People II*
Four AJALT teachers have written this textbook. They are Ms. Miyako Iwami, Ms. Shigeko Miyazaki, Ms. Masako Nagai, and Ms. Kimiko Yamamoto. They were assisted by two other teachers, Ms. Kumiko Endo and Ms. Chikako Ogura.

For background information, many sources were consulted. The authors would particularly like to thank the Japan Sumo Association for making it possible to write Lesson 14, and the Meterological Agency for material included in Lesson 20. They also wish to express their appreciation to the editors at Kodansha International for assistance with translating and rewriting, as well as the usual editorial tasks.

ACKNOWLEDGMENTS for the *Revised Edition* of *Japanese for Busy People II*
We would like to express our gratitude to the following people for preparing the new editions of Books II and III: Mss. Miyako Iwami, Shigeko Miyazaki, Masako Nagai, and Kimiko Yamamoto. They were assisted by Ms. Mikiko Ochiai.

ACKNOWLEDGMENTS for the *Kana Version* of *Japanese for Busy People II*
We would like to express our gratitude to the following people: Mss. Kimiko Yamamoto, Mikako Nakayama, Kyoko Tsurumi, and Toshiko Takarada.

INTRODUCING THE CHARACTERS
登場人物
とうじょうじんぶつ

スミス （43さい）
スミスふじん （41さい）
　　スミスさんは　ABCの　べんごしです。3ねんまえに　おくさんと　に
ほんに　きました。ふたりは　でんとうてきな　にほんの　ぶんか
に　きょうみが　あります。

ブラウン （35さい）
ブラウンふじん （36さい）
　　ブラウンさんは　2ねんまえに　にほんに　きました。ブラウンさんも
ABCの　べんごしです。ブラウンふじんは　にほんのれきしに　きょ
うみが　あります。ブラウンさんは　うきよえが　すきです。ブラウン
さんは　ときどき　にほんごで　てがみを　かきます。

はやし （45さい）
はやしふじん （38さい）
　　はやしさんは　ABCの　ぶちょうです。ときどき　ジョギングを　し
ます。たまに　やまに　のぼります。はやしふじんは　りょうりが　じ
ょうずです。そして、かんきょうもんだいに　ねっしんです。

かとう （37さい）
かとうふじん （36さい）
　　かとうさんは　ABCの　かちょうです。しごとは　とても　いそがし
いです。かとうさんは　まえに　ほっかいどうに　すんでいました。

チャン （おとこ　28さい）
　　チャンさんも　ABCに　つとめています。せんげつ　ホンコンししゃ
から　きました。チャンさんは　えいごと　ちゅうごくごが　できます。
おんがくが　すきです。

1

すずき （25さい）
すずきふじん （25さい）
　　すずきさんも　ABCの　しゃいんです。2ねんまえに　けっこんしまし
　　た。すずきさんは　おもしろい　ひとですが、ときどき　しっぱい
　　します。

ジョンソン （おとこ　26さい）
　　ジョンソンさんは　ABCの　ロンドンじむしょに　つとめていました。
　　ことし　とうきょうほんしゃに　てんきんしました。ジョンソンさんは
　　あかるい　ひとです。とうきょうの　せいかつを　たのしんでいます。

なかむら （おんな　26さい）
　　なかむらさんは　おととし　だいがくを　そつぎょうして、しょうしゃ
　　に　つとめていました。しかし、せんもんの　しごとが　できませんで
　　したから　やめました。そして　ABCに　はいりました。

ほかに、わたなべさん　（おんな）、きむらさん　（おとこ）、さとうさん　（おと
こ）　などが　ABCで　はたらいています。

たなか （51さい）
たなかふじん （47さい）
　　たなかさんは　とうきょうでんきの　ぶちょうです。とうきょうでんき
　　は　ABCの　とりひきさきです。たなかさんの　かぞくは　スミスさ
　　んや　ブラウンさんの　かぞくと　とても　したしいです。

たなか　けいこ （おんな　18さい）
　　けいこさんは　たなかさんの　むすめです。ことし　こうこうを　そつ
　　ぎょうしました。けいこさんと　ジョンソンさんは　ともだちです。

だいすけ （おとこ　19さい）
　　だいすけさんは　チャンさんの　ともだちです。だいがくせいです。チ
　　ャンさんの　うちの　ちかくに　すんでいます。

ほかに、スミスふじんの　ともだちの　リンダさん　（おんな）や　Mせっけ
いじむしょの　やまかわさん　（おとこ）も　とうじょうします。

Mr. Smith (43 years old)
Mrs. Smith (41 years old)
　　Mr. Smith is a lawyer at ABC. He came to Japan with his wife three years ago. They
　　are both interested in traditional Japanese culture.

Mr. Brown (35 years old)
Mrs. Brown (36 years old)
　　The Browns came to Japan two years ago. Mr. Brown is also a lawyer at ABC. Mrs.
　　Brown is interested in the history of Japan. Mr. Brown likes Japanese *ukiyo-e* wood-
　　block prints. He sometimes writes letters in Japanese.

Mr. Hayashi (45 years old)
Mrs. Hayashi (38 years old)

> Mr. Hayashi is a division chief at ABC. He sometimes goes jogging. Occasionally he goes mountain climbing. Mrs. Hayashi is good at cooking. She is concerned with environmental issues.

Mr. Katō (37 years old)
Mrs. Katō (36 years old)

> Mr. Katō is a section chief at ABC. He is very busy at work. He used to live in Hokkaido.

Mr. Chang (28 years old)

> Mr. Chang also works for ABC. He came to Japan last month from the Hong Kong branch office. He can speak English and Chinese. He likes music.

Mr. Suzuki (25 years old)
Mrs. Suzuki (25 years old)

> Mr. Suzuki is also an employee of ABC. He got married two years ago. He often makes jokes, but sometimes makes mistakes in his work.

Mr. Johnson (26 years old)

> Mr. Johnson used to work at the London office of ABC. He was transferred to the Tokyo head office this year. He is a cheerful person. He's enjoying life in Tokyo.

Ms. Nakamura (26 years old)

> Ms. Nakamura graduated from university the year before last and worked for a trading company. However, she left that company because her work was not related to her specialty. Then she joined ABC.

Ms. Watanabe, Mr. Kimura, and Mr. Satō are other staff members of ABC.

Mr. Tanaka (51 years old)
Mrs. Tanaka (47 years old)

> Mr. Tanaka is a division chief at Tokyo Electric. Tokyo Electric is a client of ABC. The Tanakas are good friends of the Smiths and the Browns.

Keiko Tanaka (18 years old)

> Keiko is the daughter of Mr. and Mrs. Tanaka. She graduated from high school this year. Keiko is a friend of Mr. Johnson.

Daisuke (19 years old)

> Daisuke is a friend of Mr. Chang. He is a university student. He lives near Mr. Chang.

Other characters appearing in this book are Linda, who is a friend of Mrs. Smith, and Mr. Yamakawa of the M Design Office.

❏ Vocabulary

ふじん	Mrs., woman
まえに	before
でんとうてき（な）	traditional
〜に　きょうみが　あります	be interested in
うきよえ	woodblock prints, "floating-world pictures"
ぶちょう	division chief, department head
たまに	occasionally
のぼります	climb
かんきょう	environment
もんだい	problem, issue
ねっしん（な）	keen, devoted, enthusiastic
かちょう	section chief
しゃいん	company employee
しっぱいします	fail, make a mistake
ほんしゃ	head office
てんきんします	transfer, be transferred
せいかつ	life, living
たのしみます	enjoy
だいがく	university
そつぎょうします	graduate
しょうしゃ	trading company
しかし	however, but
せんもん	specialty
やめます	leave, quit
ほかに	besides, other
はたらきます	work
とりひきさき	client, business contact
したしい	friendly with, close
こうこう	high school
だいがくせい	university student
とうじょうします	appear

RUSH HOUR

通勤ラッシュ
つうきん

Mr. Chang tells Mr. Smith about taking a rush hour train for the first time.

チャン： 今朝　初めて　電車で　会社に　来ました。とても
　　　　けさ　はじ　　でんしゃ　かいしゃ　き

　　　　こんでいました。すごかったですよ。

スミス： でも　電車の　ほうが　車より　はやいですよ。みち
　　　　　　　　でんしゃ　　　　　くるま

　　　　が　こんでいますから。

チャン： スミスさんは　毎日　何で　会社に　来ますか。
　　　　　　　　　　　まいにち　なん

スミス： 私は　行きも　帰りも　地下鉄です。東京の　こうつ
　　　　わたし　い　　かえ　　ちかてつ　　とうきょう

　　　　うきかんの　中で　地下鉄が　一番　べんりですよ。
　　　　　　　　　なか　　　　　いちばん

チャン： 地下鉄は　朝も　夕方も　こんでいますか。
　　　　　　　　あさ　ゆうがた

スミス： ええ。でも　朝の　ほうが　夕方より　こんでいます。

　　　　朝の　8時半ごろが　ピークですから、私は　毎朝
　　　　　　　じ はん　　　　　　　　　　　　　まいあさ

　　　　7時に　うちを　出ます。
　　　　　　　　　で

チャン： その　時間は　すいていますか。
　　　　　　じ かん

スミス： ええ、7時ごろは 8時ごろより すいています。私は
毎朝 地下鉄の 中で 日本語を 勉強しています。

チャン： そうですか。

Chang: This morning I came to work by train for the first time. It was awfully crowded. It
         was terrible.
Smith: Trains are faster than cars, though. Because the roads are crowded.
Chang: How do you come to the office every day?
Smith: I come and go back by subway. The subway is the most convenient of all transporta-
         tion systems in Tokyo.
Chang: Is the subway crowded mornings and evenings?
Smith: Yes. But mornings are more crowded than evenings. Around 8:30 (a.m.) is the peak
         of the rush hour, so every morning I leave home at seven.
Chang: Is it less crowded at that time?
Smith: Oh, yes. Around 7 o'clock is less crowded than around 8 o'clock. I study Japanese on
         the subway every morning.
Chang: Really?

❏ Vocabulary

チャン	Chang
今朝	this morning
初めて	for the first time
すごい	terrible, wonderful
でも	though
～の ほうが	= -er/more/less
ほう	more (*lit.* "side")
～より	than

はやい		fast
みち		road, street, way
行き		going
帰り		coming back, returning
～も～も		both... and
こうつう		transportation
きかん		system
～の 中で		of all, among
一番		most, number one
ピーク		peak
その 時間		that time
すいています		be empty
すきます（すく）		be/become empty/uncrowded
勉強しています		study/am studying
勉強します（勉強する）		study

GRAMMAR & LESSON OBJECTIVES

• **Comparisons**

```
...の ほうが ...より
```

電車の ほうが 車より はやいです。

The word order can be reversed:

車より 電車の ほうが はやいです。

Things that are superior (or more...) precede の ほうが, and inferior things are followed by より.

To compare two things the question pattern is: . . . と . . . と どちら/どっち が . . . です/ますか.

ex. 横浜と 東京と どちらが 大きいですか。

or "Which is bigger, Yokohama or Tokyo?"

The response, "Tokyo is bigger than Yokohama," can be as follows:

東京の ほうが 横浜より 大きいです。Or simply, 東京の ほうが 大きいです。

東京は 横浜より 大きいです is a statement with Tokyo as the topic and has the same meaning. The dialogue sentence 7時ごろは 8時ごろより すいています is of this type.

...の　中で　...一番
なか　　　　いちばん

東京の　こうつうきかんの　中で　地下鉄が　一番　べんりです。
とうきょう　　　　　　　　　　なか　　ち か てつ　　いちばん

一番 "number one," "the first," before adjectives expresses the superlative degree of com-
いちばん

parison——一番　好き, "most likeable," "best liked," 一番　きれい, "prettiest," and so on.
いちばん　す　　　　　　　　　　　　　　　　　　いちばん

Note how the subject marker が discriminates the subject exclusively from other possi-
bilities. The example above implies that neither taxis nor buses nor trains but subways
are the most convenient.

ex. 1. 日本の　都市の　中で　東京が　一番　大きいです。
　　　　に ほん　　と し　　なか　　とうきょう　いちばん　おお

　　　　"Among Japanese cities, Tokyo is the biggest."
　　　2. くだものの　中で　りんごが　一番　好きです。
　　　　　　　　　　なか　　　　　　　いちばん　す

　　　　"Of all fruits, (I) like apples best."

To compare three or more things, the question pattern is: ...の　中で　何/どれ/だれ/
　　　　　　　　　　　　　　　　　　　　　　　　　　なか　　なに

いつ/どこ　が　一番...です/ますか.
　　　　　　　いちばん

ex. 日本の　都市の　中で　どこが　一番　大きいですか。
　　　に ほん　と し　　なか　　　　　　いちばん　おお

　　　"Which among Japanese cities is the biggest?"

NOTES

1. 私は　行きも　帰りも　地下鉄です。
　わたし　い　　　　かえ　　　ち か てつ

地下鉄は　朝も　夕方も　こんでいます。
ち か てつ　あさ　ゆうがた

も, repeated to mean "both... and...," is also used in negative sentences to express "nei-
ther... nor..." Words like 行き and 帰り (the ます stems of the verbs 行きます and 帰り
　　　　　　　　い　　　　かえ　　　　　　　　　　　　　　　　　　　　い　　　　　　かえ

ます) are at times employed in a way similar to English gerunds (here coming and going
back).

2. その　時間
　　　じ かん

Chang is referring to Smith's preceding sentence, "I leave home at seven." こ, そ, あ, ど
words are not limited to things immediately at hand. They may, like this and that, refer
to intangibles, abstractions, or previous phrases or statements. (See Book I, Appendix
F.)

3. 日本語を　勉強しています。
　に ほん ご　べんきょう

Both 勉強を　します and 勉強します are correct, but when, as here, there is a direct
　　べんきょう　　　　　べんきょう

object followed by を, 勉強します is the inevitable choice. Similar phrases are:
　　　　　　　　べんきょう

ex. 電話（を）します。"I'll telephone."
　　でん わ

　　そうだん（を）します。"I'll consult (her)."

PRACTICE

❏ **KEY SENTENCES**

1. 東京と　大阪と　どちらが　大きいですか。
   <ruby>東京<rt>とうきょう</rt></ruby>と　<ruby>大阪<rt>おおさか</rt></ruby>と　どちらが　<ruby>大<rt>おお</rt></ruby>きいですか。

   東京の　ほうが　［大阪より］　大きいです。

2. ［<ruby>私<rt>わたし</rt></ruby>は］　スポーツの　<ruby>中<rt>なか</rt></ruby>で　テニスが　<ruby>一番<rt>いちばん</rt></ruby>　<ruby>好<rt>す</rt></ruby>きです。

3. 東京は　大阪より　大きいです。

1. Which is bigger, Tokyo or Osaka?
   Tokyo is bigger (than Osaka).
2. I like tennis best of all sports.
3. Tokyo is bigger than Osaka.

❏ **Vocabulary**

〜と〜と	(particle for comparisons)
どちら	which
スポーツ	sports

EXERCISES

I Make dialogues by changing the underlined parts as in the examples given.

   A. *ex.* **Q:** <u>とり<ruby>肉<rt>にく</rt></ruby></u>と　<u><ruby>牛肉<rt>ぎゅうにく</rt></ruby></u>と　どちら／どっちが　<u><ruby>安<rt>やす</rt></ruby>い</u>ですか。

          A: <u>とり肉</u>の　ほうが　<u>安い</u>です。

            1. ファックス、<ruby>手紙<rt>てがみ</rt></ruby>、べんりです

            2. <ruby>朝<rt>あさ</rt></ruby>、<ruby>夕方<rt>ゆうがた</rt></ruby>、こんでいます

            3. <ruby>加藤<rt>かとう</rt></ruby>さん、<ruby>鈴木<rt>すずき</rt></ruby>さん、たくさん　(お)さけを　<ruby>飲<rt>の</rt></ruby>みます

   B. *ex.* **Q:** <u>飲みもの</u>は　<u>コーヒー</u>と　<u>こうちゃ</u>と　どちら／どっちが　<u>い

         い</u>ですか。

          A: <u>コーヒー</u>の　ほうが　<u>いい</u>です。

            1. りょうり、てんぷら、しゃぶしゃぶ

2. 時間、午前、午後
   じかん　ごぜん　ごご

3. デザート、アイスクリーム、くだもの

4. パーティー、金曜日、土曜日
   きんようび　どようび

C. *ex.* **Q:** <u>スポーツ</u>の　中で　何が　一番　<u>好き</u>ですか。
                    なか　なに　いちばん　す

A: <u>テニス</u>が　一番　<u>好き</u>です。
                      いちばん　す

1. 支社、どこ、大きいです、ニューヨーク
   ししゃ　　　おお

2. この　三つの　え、どれ、好き、まん中の　え
            みっ

3. 1日、いつ、こんでいます、朝　8時ごろ
   にち　　　　　　　　あさ　じ

4. 会社、だれ、よく　はたらきます、社長
   かいしゃ　　　　　　　　　　　しゃちょう

II **Practice the following pattern by changing the underlined parts as in the example given.**

ex. <u>ちきゅう</u>は　<u>月</u>より　<u>大きい</u>です。
                    つき

1. ひこうき、新幹線、はやいです
            しんかんせん

2. アメリカ、日本、広いです
           にほん　ひろ

3. 札幌、東京、北に　あります
   さっぽろ　とうきょう　きた

4. チャンさん、ジョンソンさん、よく　勉強します
                               べんきょう

❏ **Vocabulary**

どっち	which
ファックス	facsimile
てんぷら	tempura
ニューヨーク	New York
まん中 なか	middle
1日 にち	(in) a day
よく	much, a great deal
はたらきます（はたらく）	work
社長 しゃちょう	president of a company
ちきゅう	earth, globe
月 つき	moon

広い _{ひろ}	spacious, wide
札幌 _{さっぽろ}	Sapporo (city)
北 _{きた}	north
ジョンソン	Johnson

SHORT DIALOGUE

A: コーヒーと こうちゃと どちらが 好きですか。
_す

B: どちらも 好きです。

A: Which do you like more, coffee or tea?
B: I like both.

❏ **Vocabulary**

どちらも	both

QUIZ

I Read this lesson's Opening Dialogue and answer the following questions.

1. 地下鉄は 朝と 夕方と どちらが こんでいますか。
_{ち か てつ} _{あさ} _{ゆうがた}

2. どうして 電車の ほうが 車より はやいですか。
_{でんしゃ} _{くるま}

3. スミスさんは 毎朝 何時に うちを 出て、何で 会社に 行きますか。
_{まいあさ なんじ} _で _{なん かいしゃ} _い

4. 地下鉄は 朝の 何時ごろが 一番 こんでいますか。
_{いちばん}

5. スミスさんは 地下鉄の 中で 日本語を 勉強していますか。
_{なか} _{に ほん ご} _{べんきょう}

II Put the appropriate particles in the parentheses.

1. 新幹線は 車 （　　　） はやいです。
_{しんかんせん}

2. 今朝 7時 （　　　） うち （　　　） 出て、地下鉄 （　　　） 会社 （　　　）
_{け さ}
来ました。
_き

3. 電車は 朝も 夕方 （　　　） こんでいます。

4. こちらの ほう （　　　） 静かですから、ここ （　　　） 話を しましょう。
_{しず} _{はなし}

5. 会社 （　　　） 中 （　　　） だれが 一番 よく はたらきますか。

III Complete the questions so that they fit the answers.

1. 地下鉄と　バスと　（　　）が　べんりですか。
　　地下鉄の　ほうが　べんりです。

2. 地下鉄は（　　）が　一番　こんでいますか。
　　朝が　一番　こんでいます。

3. （　　）が　一番　テニスが　上手ですか。
　　リンダさんが　一番　上手です。

4. くだものの　中で（　　）が　一番　好きですか。
　　みかんが　一番　好きです。

5. 飲みものは　コーヒーと　こうちゃと　（　　）が　いいですか。
　　コーヒーを　お願いします。

IV Complete the sentences with the appropriate form of the verbs indicated.

1. その　レストランは（　　）いますか。（すきます）

2. 車で（　　）ないでください。（来ます）

3. 父は　いま　ニューヨークで（　　）います。（はたらきます）

4. みちが（　　）いますから、タクシーを（　　）、（　　）ましょう。
　　（こみます、おります、歩きます）

5. この　車を（　　）も　いいですか。（使います）
　　私が（　　）ますから、（　　）ないでください。
　　（使います、使います）

V Answer the following questions.

1. あなたは　スポーツの　中で　何が　一番　好きですか。

2. ごかぞくの　中で　どなたが　一番　よく　はたらきますか。

3. すしと　すきやきと　どちらが　好きですか。

4. あなたの　町の　こうつうきかんの　中で　何が　一番　べんりですか。

1. 会社
カイシャ

会 ノ 人 个 会 会 会 (6)
あ(う)

社 ` ラ ネ ネ ネ 礻- 社 社 (7)

2. 地下鉄
チ カ テツ

地 一 十 土 圹 坦 地 (6)

下 一 丁 下 (3)
した

鉄 ノ 人 人 으 牟 牟 金 金 釒 釮 鈝 鉀 鉄 (13)

3. 8時半
ジ ハン

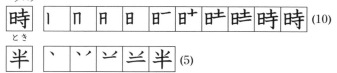

時 丨 冂 日 日 旷 旷 旷 昨 時 時 (10)
とき

半 ` ` ` ` 半 (5)

4. 日本語
ニ ホ ン ゴ

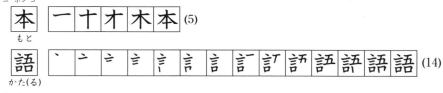

本 一 十 才 木 本 (5)
もと

語 ` 二 二 二 言 言 言 訂 訂 語 語 語 語 (14)
かた(る)

5. 牛肉
ギュウニク

牛 ノ 느 二 牛 (4)
うし

肉 丨 冂 内 内 肉 肉 (6)

Kanji for recognition: 新幹線
シンカンセン

LESSON
2

LOST AND FOUND
忘れ物
わす　もの

Mr. Chang realizes he left something on the train and tells a station employee about it.

チャン： すみません。

駅員： はい、何でしょうか。
えきいん　　　　　　なん

チャン： わすれ物を　しました。
もの

駅員： どの　電車ですか。
でんしゃ

チャン： 20分ぐらい　前の　電車で、後ろから　2番めの
ぶん　　　まえ　　　　でんしゃ　　　うし　　　　ばん
車りょうです。
しゃ

駅員： 何を　わすれましたか。
なに

チャン： 黒くて　大きい　紙の　ふくろです。
くろ　　おお　　　かみ

駅員： なかみは　何ですか。くわしく　せつめいしてください。

チャン： マフラーと　セーターです。マフラーは　ウールで、

黒と　白の　しまの　もようです。セーターは　赤く
しろ　　　　　　　　　　　　　　　　　　　あか
て、むねに　うまの　もようが　あります。

駅員：　　今　東京駅に　電話を　かけて　聞きますから、
えきいん　　いま　とうきょうえき　でんわ　　　　　　き

ちょっと　まってください。

チャン：　すみません。

After calling Tokyo Station, the man comes back to Mr. Chang.

駅員：　　ありました。東京駅の　じむしつに　届いていますか
とど

ら、今日中に　とりに　行ってください。
きょう　じゅう　　　　　　い

Chang:	Excuse me.
Station Employee:	Yes. May I help you?
Chang:	I forgot something (in the train).
Employee:	Which train (was it)?
Chang:	It was the train (which left) about twenty minutes ago, second car from the back.
Employee:	What did you forget?
Chang:	It's a big black paper bag.
Employee:	What're the contents? Please describe (them) in detail.
Chang:	(There's) a scarf and a sweater. The scarf is wool and has a pattern of black and white stripes. The sweater is red with a horse design on the chest.
Employee:	I'll call Tokyo Station now and ask. Please wait a moment.
Chang:	Thank you.
Employee:	(Your bag) is there. It went to the clerks' office in Tokyo Station. (So) Please go and pick them up today.

❏ **Vocabulary**

駅員 えきいん	station employee
でしょうか	(softer than ですか)
わすれ物 もの	forgotten or lost article
前 まえ	before
後ろ うし	back
～番め ばん	-counter for ordinal numbers
車りょう しゃ	car, vehicle
わすれます（わすれる）	forget
紙 かみ	paper
ふくろ	bag
なかみ	contents

くわしく	in detail
くわしい	detailed
せつめいします	explain
（せつめいする）	
せつめい	explanation
マフラー	scarf, muffler
ウール	wool
黒 <ろ>	black(ness)
白 <しろ>	white(ness)
しま	stripe
もよう	pattern, design
むね	chest
うま	horse
電話を　かけて <でんわ>	telephone
かけます（かける）	call
じむしつ	clerks' office
届いています <とど>	has arrived
届きます（とどく） <とど>	arrive, reach
今日中に <きょうじゅう>	(within) today
〜中／中に <じゅう　ちゅう>	within
とりに　行きます <い>	go to pick up
とります（とる）	pick up, get, take, pass

GRAMMAR & LESSON OBJECTIVES

- で, **connective form of** です

20分ぐらい　前の　電車で、後ろから　2番めの　車りょうです。
<ぶん　まえ　でんしゃ　うし　ばん　しゃ>
マフラーは　ウールで、黒と　白の　しまの　もようです。
<くろ　しろ>

で for です, is the equivalent of the て form of verbs. Each of these sentences has the same meaning as two independent sentences, each ending in です.

- て/で **form of adjectives as a connective**

黒くて　大きい　紙の　ふくろです。
<くろ　おお　かみ>
セーターは　赤くて、むねに　うまの　もようが　あります。
<あか>

The て/で form of adjectives can be a connective, just as the て form of verbs is used to combine two phrases, clauses, or sentences.

い adj.: 広い →広くて; 大きい → 大きくて; 安い → 安くて
<ひろ　ひろ　おお　おお　やす　やす>

ex. あの　こうえんは　広いです。静かです。→ あの　こうえんは　広くて　静かです。
"That park is spacious and quiet."

な adj.: べんりな → べんりで; きれいな → きれいで; 静かな → 静かで

ex. 地下鉄は　べんりです。はやくて　安いです。→ 地下鉄は　べんりで　はやくて　安いです。 "Subways are convenient, fast, and cheap."

Two or more adjectives can be connected using this pattern only when sharing the same inclination—positive value with positive, and vice versa. Thus, この　こうえんは　きたなくて　広いです, "This park is dirty and spacious," is awkward. In such cases, . . . きたないですが　広いです, ". . . dirty but spacious," is the right pattern.

- く/に **form of adjectives as adverbial use**

くわしく　せつめいしてください。
The く/に form of adjectives is used to modify verbs.

い adj.: 早い → 早く; 広い → 広く; いい/よい → よく

ex. 早く　起きました。"(I) got up early."

な adj.: きれいな → きれいに; 元気な → 元気に

ex. きれいに　書いてください。"Please write it neatly."

Both い and な adjectives have various forms and functions. The form of い adjectives found in dictionaries can be used without change as a noun modifier or predicative. For な adjectives, bilingual dictionaries generally give the stem, so it is necessary to add な when modifying nouns. It is better to think of な adjectives in the same way as い adjectives, words composed of a stem, which can be used independently as a noun, to which inflections are added.

Adjectives: Stem and Inflections

		Connective form	Adverbial form	Stem
い adj.	黒い	黒くて	黒く	黒
	大きい	大きくて	大きく	大き
	早い	早くて	早く	早
な adj.	静かな	静かで	静かに	静か
	べんりな	べんりで	べんりに	べんり

- ... に　行く

とりに　行ってください。

The ます stem of a verb followed by に　行きます/来ます/帰ります is a pattern for expressing the objective of "coming/going/returning." (For other verbs, other patterns are necessary.)

ex. 1. きのう 鎌倉に およぎに 行きました。 "(I) went to Kamakura yesterday to swim."

   2. すきやきを 食べに 行きませんか。 "Wouldn't you like to go and have sukiyaki?"

NOTES

1. 何でしょうか。

(*lit.*) "What might it be (that you want)?"
This sounds softer than 何ですか, which may also be heard in appropriate situations.

2. わすれ物

This belongs to a category of nouns formed by adding 物, "thing," to the ます stem of a verb. Another example previously encountered was 飲み物 (in Book I). Other everyday words not in this text but worth remembering are 食べ物, "food"; 読み物, "reading material," especially light reading; and こわれ物 (こわれる, "break," "be broken"), a "breakable thing."

3. どの 電車ですか。

Note that the Japanese is the equivalent of "Which train is (it)?" whereas the English would normally be "Which train was it?" There were similar cases of differences in verb form or tense in the first volume and more will be encountered later.

4. なかみは 何ですか。くわしく せつめいしてください。

Being in charge of the platform, the station employee straightforwardly ascertains the contents, as well as the appearance, of the lost bag so as to be able to identify them, know whether anything is missing, and see that the bag is returned to the right person. A policeman or any person in charge of lost articles would do the same.

5. ありました。

The translation of the dialogue is fairly literal. Since this word is heard when a person finds something he has been looking for, a free translation would be "(It's been) found!" Similar expressions are バスが 来ました, "(Ah) here comes the bus," and 思い出しました, "(I've just) recalled (it)."

6. 今日中に

This 中に indicates the time within which something is expected to happen. じゅう is a phonetic variation of ちゅう. Other examples: 今年中に, "(within) this year"; 来週中に, "(within) next week," "sometime next week."

7. 東京駅の　じむしつに　届いていますから、...

とうきょうえき　　　　　とど

This literally means "(It) has reached the clerks' office in Tokyo Station and is still there," a usage of the て います form explained in Book I (p. 161).

PRACTICE

❑ KEY SENTENCES

1. 林さんは　日本人で、ABCの　部長です。
　　はやし　　に ほん じん　　　　　　ぶ ちょう
2. ここは　広くて　静かな　こうえんです。
　　　　　　ひろ　　しず
3. 漢字を　きれいに　書いてください。
　　かん じ　　　　　　　か
4. レストランに　昼ごはんを　食べに　行きました。
　　　　　　　　ひる　　　　　た　　　い

1. Mr. Hayashi is a Japanese and is a department head at ABC.
2. This is a quiet, spacious park.
3. Please write the kanji neatly.
4. (I) went to a restaurant to eat lunch.

❑ Vocabulary

部長	department head, division chief
ぶちょう	
部	department, division
ぶ	

EXERCISES

Make dialogues by changing the underlined parts as in the examples given.

A. *ex.* Q: どんな　所ですか。
　　　　　　　　ところ

　　A-1:　広くて　静かな　所です。

　　A-2:　静かで　きれいな　所です。

　　　　　1. 所、とおい、ふべんな　所

　　　　　2. 所、にぎやか、おもしろい　所

　　　　　3. 問題、やさしい、おもしろい　問題
　　　　　　もんだい

　　　　　4. 問題、ふくざつ、むずかしい　問題

B. *ex.* **Q:** 山田さんは　どんな　人ですか。

A-1: <u>わかくて</u>　<u>元気な</u>　人です。

A-2: <u>まじめで</u>　<u>あかるい</u>　人です。

1. あかるい、せが　高い

2. あたまが　いい、しんせつ

3. テニスが　上手、元気

4. 静か、かみが　長い

C. *ex.* **Q:** 鈴木さんは　みちを　せつめいしましたか。

A-1: ええ、<u>くわしく</u>　せつめいしました。

A-2: ええ、<u>しんせつに</u>　せつめいしました。

1. もう　起きました、朝　早い

2. 着きました、夕べ　おそい

3. 仕事を　しています、静か

4. 地図を　書きました、上手

D. *ex.* **A:** どこに　行きますか。

B: <u>銀座</u>に　行きます。

A: 何を　しに　行きますか。

B: <u>映画を　見</u>に　行きます。

1. 京都、古い　おてらを　見ます

2. デパート、くつを　買います

3. 加藤さんの　部屋、手紙を　届けます

4. こうえん、写真を　とります

E. *ex.* **Q:** 来週　何を　しますか。

A: <u>デパートに　かぐを　買いに　行きます</u>。

1. 京都、さくらを　見ます、行きます

2. 大学、伊藤きょうじゅに　会います、行きます

3. りょうしんの うち、休みます、帰ります

4. また ここ、話を します、来ます

❏ **Vocabulary**

ふべん（な）	inconvenient
問題	problem
ふくざつ（な）	complicated
わかい	young
まじめ（な）	serious, diligent
あかるい	cheerful
せが 高い	tall
せ	back
高い	tall, high
あたまが いい	bright, clever
かみが 長い	long-haired
かみ	hair
長い	long
みちを せつめいします	give directions
	(*lit.* "explain the way")
起きます（起きる）	get up, wake up
早い	early
夕べ	last night/evening
銀座	Ginza (area of Tokyo)
さくら	cherry blossom
大学	university
伊藤	Japanese surname
きょうじゅ	professor
休みます（休む）	rest

SHORT DIALOGUES

1. ホワイト： お金を ひろいました。

けいかん： どこに おちていましたか。

ホワイト： スーパーの 前の みちに おちていました。

けいかん： 何時ごろ　ひろいましたか。

ホワイト： 15分ぐらい　前です。

White: I found (this) money.
Policeman: Where was (it)? (*lit.* "Where had (it) been dropped?")
White: It was on the street in front of the supermarket.
Policeman: Around what time did you pick it up?
White: About fifteen minutes ago.

2. 鈴木： さいふを　おとしました。

けいかん： どんな　さいふですか。

鈴木： 大きい　かわの　さいふです。

けいかん： 中に　何が　入っていますか。

鈴木： げんきんが　3万円ぐらいと　めいしです。

Suzuki: I've lost my wallet.
Policeman: What kind of wallet is it?
Suzuki: It's a big leather wallet.
Policeman: Is there something (contained) in it?
Suzuki: Cash, about ¥30, 000, and business cards.

❑ **Vocabulary**

ひろいます（ひろう）	find, pick up
おちます（おちる）	drop, fall
さいふ	wallet, purse
おとします（おとす）	lose, drop
かわ	leather
入ります（入る）	contain, include
げんきん	cash

I Read this lesson's Opening Dialogue and answer the following questions.

1. チャンさんは どんな ふくろを わすれましたか。

2. 後ろから 何番めの 車りょうに わすれましたか。
   (うし)   (なんばん)   (しゃ)

3. 赤い セーターは むねに うまの もようが ありますか。
   (あか)

4. 駅員は チャンさんの せつめいを 聞いて、何を しましたか。
   (えきいん)   (き) (なに)

5. チャンさんは わすれ物を どこに とりに 行きますか。
              (もの)   (い)

II Put the appropriate particles in the parentheses.

1. チャンさんは ウール（　　）マフラー（　　）赤い セーター（　　）
   わすれました。

2. 前（　　）3番め（　　）車りょうです。
   (まえ)

3. 黒（　　）白（　　）しまの セーターで、むね（　　）小さい
   (くろ) (しろ)   (ちい)
   かさの もよう（　　）あります。

4. じむしつ（　　）届いています（　　）、今日中（　　）
                (とど)   (きょうじゅう)
   とり（　　）来てください。
       (き)

III Complete the questions so that they fit the answers.

1. さいふを おとしました。
   （　　）さいふですか。
   黒い かわの さいふです。

2. （　　）で おとしましたか。
   こうえんで おとしました。

3. 中に（　　）が 入っていますか。
   (なか)   (はい)
   お金と めいしが 入っています。
   (かね)

4. （　　）に マフラーを 買いに 行きますか。
                    (か)
   デパートに 買いに 行きます。

IV Complete the sentences with the appropriate form of the words in parentheses.

1. ブラウンさんは（　　）漢字を　書きます。(上手)

2. （　　）せつめいしてください。(くわしい)

3. 今日は（　　）会社に　行きます。(早い)

4. あたまが（　　）、ねつが　あります。(いたい)

5. 子どもは（　　）本を　読んでいます。(静か)

6. れきしが（　　）、（　　）町です。(古い、ゆうめい)

7. 漢字を（　　）書いてください。(大きい)

V Connect the sentences using the appropriate verb or adjective form.

1. この　電車に　のります。東京駅で　おりてください。

2. あの　レストランは　広いです。あかるいです。

3. この　店は　新しいです。きれいです。すいています。

4. それは　青い　セーターです。花の　もようが　あります。

5. 渡辺さんは　あたまが　いいです。しんせつです。

6. チャンさんは　まじめです。よく　はたらきます。

7. じむしつに　電話を　かけます。聞きます。

VI Answer the following questions.

1. あなたの　お父さんは　どんな　人ですか。(Use . . . て/で . . . て/で)

2. あなたの　町は　どんな　所ですか。(Use . . . て/で . . . て/で)

3. こうえんに　何を　しに　行きますか。

4. あなたは　あした　どこに　行きますか。

　何を　しに　行きますか。

1. 電車
デンシャ

電  (13)

車 一 ｢ ｢ 曱 車 車 (7)
くるま

2. 20分
ブン

分 ノ 八 分 分 (4)
わ(ける)・フン

3. 何
なに

何 ノ イ イ イ 伺 伺 何 (7)

4. 大きい
おお

大 一 ナ 大 (3)
タイ・ダイ

5. 紙
かみ

紙 乚 乡 乡 糸 糸 糸 紅 紅 紙 紙 (10)
シ

6. 白
しろ

白 ノ イ 白 白 白 (5)
ハク

7. 赤くて
あか

赤 一 十 土 チ ホ 赤 赤 (7)
セキ

8. 今
いま

今 ノ 八 今 今 (4)
コン

9. 電話
デンワ

話  (13)
はな(す)

10. 青い
あお

青 一 十 キ 主 青 青 青 青 (8)
セイ

3

THE HEALTH CLUB
スポーツクラブで

Mr. Brown visits a health club.

ブラウン：　　あのう、ちょっと　お願いします。こちらの

　　　　　　　スポーツクラブに　申し込みを　する　前に、

　　　　　　　中を　見る　ことが　できますか。

クラブの人：　はい。しつれいですが、どちら様でしょうか。

ブラウン：　　ブラウンです。

クラブの人：　ブラウン様ですか。では、ごあんないしましょう。

The clerk invites Mr. Brown in and shows him around.

ブラウン：　とても　広くて　きれいな　所ですね。

クラブの人：　こちらの　テニスコートには　コーチが　います
から、コーチに　習う　ことも　できます。こち
らは　おんすいプールで、1年中　およぐ　こと
が　できます。

ブラウン：　こちらでは　みんな　いろいろな　マシーンを
使っていますね。

クラブの人：　ええ。どれでも　お好きな　物を　使う　ことが
できますが、始める　前に　インストラクター
に　ごそうだんください。

ブラウン：　ええ、そう　します。

クラブの人：　いかがでしたか。

ブラウン：　とても　気に　入りました。申し込み書が
ありますか。

クラブの人：　はい。こちらに　お名前と　ご住所を　お書きく
ださい。

Brown: Er, can you help me? May I look around inside before applying to join this health club?
Clerk: Yes. Excuse me, but may I have your name?
Brown: It's Brown.
Clerk: Mr. Brown, is it? Let me show you around.
Brown: It's a very spacious and nice place, isn't it?
Clerk: Since there's a coach at our tennis court, you can learn from the coach. Here we have a heated swimming pool. You can swim all year round.
Brown: Everyone here uses machines of various kinds, I see.
Clerk: Yes, you can use anything you like, but please consult the instructor before starting.
Brown: All right, I'll do that.
Clerk: How do you like it?
Brown: It's very satisfactory. Have you an application form?
Clerk: Certainly. Would you write your name and address here, please?

❏ Vocabulary

あのう	er
スポーツクラブ	health club
申し込み _{もう こ}	application
ことが できます （できる）	can
クラブの 人 _{ひと}	sports club staff
どちら様 _{さま}	who
ごあんないします （あんないする）	show around
あんない	guidance
テニスコート	tennis court
コーチ	coach
習います（習う） _{なら} _{なら}	learn
おんすいプール	heated (swimming) pool
おんすい	warm water
プール	pool
1年中 _{ねんじゅう}	all year round
〜中 _{じゅう}	throughout
およぎます（およぐ）	swim
マシーン	machine
どれでも	any(thing)
でも	any (particle)
お好きな 物 _す _{もの}	thing(s) you like
物 _{もの}	thing, goods, wear
始めます（始める） _{はじ} _{はじ}	begin, start
インストラクター	instructor
ごそうだん	consultation
気に 入りました _き _い	was/is satisfactory
気 _き	feeling
申し込み書 _{もう こ しょ}	application form
〜書 _{しょ}	*lit.* "book, document, note"

- **Dictionary form of verbs**

The basic verb form introduced in this lesson is known as the dictionary form because it is the one under which verbs are listed in dictionaries.

Without exception the final vowel is always **u**. (See Book I, p. 39.)

The three conjugations—Regular I, Regular II, and Irregular (します and 来_きます only)— are introduced in Book I (pp. 120–21). You have already learned some of the seven forms and the rest will be introduced in the following lessons.

Regular I: Five-vowel conjugation

	ない stem	ます stem	dictionary	conditional	volitional	て	た
use	使わ つか	使い つか	使う つか	使えば つか	使おう つか	使って つか	使った つか
swim	およが	およぎ	およぐ	およげば	およごう	およいで	およいだ
go	行か い	行き い	行く い	行けば い	行こう い	行って い	行った い

The penultimate vowel of all Regular II verbs is either **i** or **e** and the dictionary form (if written in ローマ字_じ) ends in **-iru** or **-eru**. (It should be noted that verbs having these endings are not invariably Regular II. A small number are Regular I. Common examples are 帰る_{かえ}, "return"—帰_{かえ}らない, 帰_{かえ}ります; 入る_{はい}, "enter"—入_{はい}らない, 入_{はい}ります; and きる, "cut"—きらない, きります.)

To tell whether a verb is Regular I or Regular II, look at the ない stem. For Regular I verbs, this stem has the final vowel **a**.

Regular II: Single-vowel conjugation

	ない stem	ます stem	dictionary	conditional	volitional	て	た
be	い	い	いる	いれば	いよう	いて	いた
begin	始め はじ	始め はじ	始める はじ	始めれば はじ	始めよう はじ	始めて はじ	始めた はじ
eat	食べ た	食べ た	食べる た	食べれば た	食べよう た	食べて た	食べた た

Irregular

	ない stem	ます stem	dictionary	conditional	volitional	て	た
come	来 こ	来 き	来る く	来れば く	来よう こ	来て き	来た き
do	し	し	する	すれば	しよう	して	した

- **Plain forms of verbs**

The dictionary form is also referred to as the plain present form. Other plain forms are the ない plain negative and the た plain past forms. A fourth one, the plain past negative made with the verb/adjective inflection なかった (past form of ない), is introduced in Lesson 8. As noted in Book I, a sentence ending in a plain form is less polite than one ending in the ます form. Within a sentence plain forms do not affect the politeness level, and, as in this lesson's dialogue, certain phrase and sentence patterns are commonly formed with plain forms.

- ...ことが できます

中を 見る ことが できますか。

1年中 およぐ ことが できます。

The pattern consisting of the dictionary form and ことが できる indicates possibility or capability. An even more common way of expressing the same thing (using verb inflections) is given in Lesson 19.

- ...前に

申し込みを する 前に、...

始める 前に、...

The verb coming before 前に is always in the dictionary form.

ex. 日本に 来る前に 漢字を 習いました。

"(I) learned Sino-Japanese characters before coming to Japan."

NOTES ———————————————————————

1. あのう

あのう is an informal expression used at the beginning of a sentence and indicates hesitation or deference. Here it keeps the sentence from sounding brusque.

2. どちら様 でしょう か。

どちら様 is a very polite alternative for どなた. Literally, this sentence is "Who might (you) be?"

3. こちらの テニスコートには...

こちらでは...

The use of (に)は and (で)は serves to emphasize the topics of these sentences.

4. コーチに 習う

With the verb 習う, "to learn," the particle に is used after the person, as in the case of the verb もらう, "to receive," in "田中さんは クラークさんに かびんを もらいました." (Book I, p. 99). に is similarly used with かりる, "to borrow," and the particle から can replace it in such cases.

5. どれでも, anything

This is formed with the interrogative どれ, "which (one)," plus the particle でも. Other terms of this type include なんでも, "anything," どこでも, "anywhere," だれでも, "anyone," and いつでも, "anytime."

ex. いつでも　いいです。 "Anytime will do."

6. ごあんない, お好きな　もの, ごそうだん, お名前, ご住所

These words are examples of the usage given in Book I (p. 76) to show respect to the person spoken to or persons or things connected with him or her. There are a few cases where usage is determined not by the addressee but by the subject matter, e.g., お金, "money," おさとう, "sugar," お茶, "tea." Whether お or ご is added is simply a matter of usage; these honorifics are more commonly used by women.

7. ごそうだんください

Rather than そうだんしてください, お/ご with a noun and ください may be used.

ex.　お電話ください。 "Please call (me)."

ごきにゅうください。 "Please fill in (the form)."

Still polite, but slightly more businesslike, is the pattern お with the ます stem followed by ください.

ex.　おまちください (instead of まってください), "Please wait."

お使いください (instead of 使ってください), "Please use (it)."

PRACTICE

❑ **KEY SENTENCES**

1. この　プールでは　1年中　およぐことが　できます。

2. 毎朝　会社に　行く　前に、新聞を　読みます。

1. As for this pool, it can be swum in all year round.
2. (I) read the newspaper every morning before going to work.

EXERCISES

I Verbs: Study the examples, convert into the dictionary form, and memorize.

A. Regular I

ex. 行きます→行く　　あそびます→あそぶ　　言います→言う

飲みます→飲む　　話します→話す　　あります→ある
しにます→しぬ　　まちます→まつ

1. 会います
2. おとします
3. 売ります
4. 聞きます
5. すいます

6. 入ります
7. 急ぎます
8. よびます
9. もらいます
10. 届きます

11. なおします
12. 持ちます
13. わかります
14. ぬぎます
15. 買います

16. とります
17. すきます
18. こみます
19. 送ります
20. はたらきます

B. Regular II

ex. 食べます→食べる　　見ます→見る

1. 見せます
2. 起きます
3. おります

4. あげます
5. 考えます
6. おちます

7. います
8. 止めます
9. 閉めます

C. Irregular

ex. 来ます→来る　　します→する

1. けっこんします
2. 持ってきます

3. あんないします
4. せつめいします

II　Make dialogues by changing the underlined parts as in the examples given.

A. *ex.* **Q:** この　プールで　今　およぐ　ことが　できますか。

　　Aa: はい、できます。

　　An: いいえ、できません。

　　　1. この　部屋を　使います
　　　2. 今日中に　届けます
　　　3. 東京駅に　とりに　行きます
　　　4. おたくの　近くに　車を　止めます

B. *ex.* **Q:** ［あなたは］日本語を　話す　ことが　できますか。

　　A: ええ、できますが、あまり　上手では　ありません。

1. 日本の　うたを　うたいます

2. 漢字を　書きます

3. 車を　うんてんします

4. 日本りょうりを　つくります

C. *ex.* **Q:** いつ　はを　みがきますか。

A: ねる　前に　はを　みがきます。

1. さけを　飲みます、ねます

2. 手を　洗います、食事を　します

3. シャワーを　あびます、出かけます

4. 帰ります、みちが　こみます

D. *ex.* **Q:** 申し込みを　する　前に　中を　見る　ことが　できますか。

A: ええ、できますよ。

1. 始めます、インストラクターに　そうだんします

2. 大阪に　行きます、林さんに　会います

3. 新幹線に　のります、おべんとうを　買います

❏ **Vocabulary**

しぬ	die
あそぶ	play
話す	talk, speak, tell
急ぐ	hurry
よぶ	call, invite
なおす	correct, improve, repair
持つ	have, hold
ぬぐ	take off
考える	think, consider
うた	song
うたう	sing
うんてんする	drive
うんてん	driving

つくる	cook, prepare
みがく	brush, polish
ねる	sleep, go to bed
手 て	hand, arm
洗う あら	wash
シャワーを　あびる	take a shower
シャワー	shower
あびる	bathe, pour
出かける て	go out
（お）べんとう	box lunch

NB: From here on the verb form in the vocabulary lists is the dictionary form.

SHORT DIALOGUE

ホワイト：	いけばなの　クラスを　見に　行っても　いいでしょうか。 　　　　　　　　　　　み　　　い
中村： なかむら	ええ。今度　いっしょに　行きましょう。 　　　　こんど
ホワイト：	いつ　クラスが　ありますか。
中村：	1 週間に　2回、火、木に　あります。 　　しゅうかん　　かい　か　もく

White:	May I go to see the flower-arranging class?
Nakamura:	Yes. Let's go together next time.
White:	When are the classes?
Nakamura:	Twice a week. Tuesdays and Thursdays.

❏ Vocabulary

いけばな	flower arranging
クラス	class
今度 こんど	next (time)
～回 かい	time(s) (counter)
火 か	Tuesday
木 もく	Thursday

I Read this lesson's Opening Dialogue and answer the following questions.

1. ブラウンさんは　スポーツクラブに　何を　しに　行きましたか。

2. だれが　ブラウンさんを　あんないしましたか。

3. この　スポーツクラブでは　1年中　プールで　およぐ　ことが
できますか。

4. ブラウンさんは　スポーツクラブの　中を　見る　前に、申し込みを
しましたか。

II Put the appropriate particles in the parentheses.

1. 私は　アメリカ（　　）日本人の　先生（　　）日本語（　　）
習いました。

2. どれ（　　）お好きなもの（　　）使うこと（　　）できます（　　）、
始める　前（　　）インストラクター（　　）ごそうだんください。

3. この　紙（　　）お名前（　　）ご住所（　　）お書きください。

4. 1か月（　　）1回　大阪（　　）行きます。

III Convert the following verbs into the dictionary form.

1. 行きます　　　　6. 見ます　　　　11. 来ます

2. 会います　　　　7. あります　　　12. 食べます

3. あんないします　8. けします　　　13. 勉強します

4. 教えます　　　　9. 止めます　　　14. 電話を　かけます

5. わすれます　　　10. まがります　　15. 持ってきます

IV Complete the sentences with the appropriate form of the verbs indicated.

1. ここで　スライドを　（　　）ことが　できますか。（見ます）

2. 昼ごはんを　（　　）に　（　　）も　いいでしょうか。（食べます、行きます）

3. （　　）前に　電話を　（　　）ください。（来ます、かけます）

4. あした　田中さんに（　　）に（　　）ことが　できますか。（会います、行きます）

5. （　　）前に　シャワーを　あびます。（出かけます）

6. ここに　車を（　　）ことが　できますか。（止めます）

　　いいえ、ここは　駐車禁止ですから、車を（　　）でください。

　　（止めます）

V　Answer the following questions.

1. あなたは　およぐ　ことが　できますか。

2. あなたは　漢字を　読む　ことが　できますか。

3. あなたは　毎日　ねる　前に　はを　みがきますか。

4. あなたは　朝ごはんを　食べる　前に　何を　しますか。

5. 1週間に　何回　日本語の　じゅぎょうが　ありますか。

NEW KANJI

1. 見る

2. 広い

広　｀　广　广　広　広　(5)

3. 習う

習　(11)

4. 1年中

5. 使う

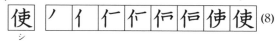

6. 名前
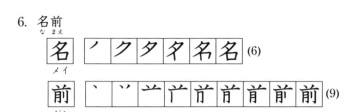

名　ノ　ク　夕　夕　名　名 (6)
メイ

前　丶　ヽ　ソ　ソ　並　前　前　前 (9)
ゼン

7. 住所
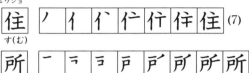

住　ノ　イ　イ　イ　イ　住　住 (7)
す(む)

所　一　ラ　ヲ　戸　戸　所　所　所 (8)
ところ

8. 書く

書　一　二　ヲ　ヨ　聿　聿　書　書　書 (10)
ショ

Kanji for recognition:　駐車禁止
　　　　　　　　　　　チュウシャキンシ

LESSON
4

A BUSINESS TRIP
出張
しゅっちょう

Mr. Kimura and Mr. Brown chat about Brown's upcoming business trip to the Sapporo branch office.

木村：　　　ブラウンさん、出張ですか。
きむら　　　　　　　　　　しゅっちょう

ブラウン：　ええ、あしたから　札幌支店に　出張です。
　　　　　　　　　　　　　さっぽろ　してん

　　　　　　木村さんは　北海道に　行った　ことが
　　　　　　　　　　　　ほっかいどう　　い

　　　　　　ありますか。

木村：　　　ええ、学生の　ころ　一度　北海道へ　旅行に　行った
　　　　　　　　　がくせい　　　　いちど　　　　　　　りょこう

　　　　　　ことが　あります。車で　北海道を　回りました。
　　　　　　　　　　　　　　　くるま　　　　　　　まわ

ブラウン：　札幌は　どんな　所ですか。
　　　　　　　　　　　　　ところ

木村：　　　札幌の　町は　にぎやかで、なかなか　おもしろい
　　　　　　　　　　まち

　　　　　　ですよ。ブラウンさんは　初めてですか。
　　　　　　　　　　　　　　　　はじ

ブラウン：　ええ、写真を　見た　ことは　ありますが、行った
　　　　　　　　しゃしん　み

　　　　　　ことは　ありません。

木村：　　　一人で　出張ですか。
　　　　　　ひとり

ブラウン：　加藤さんも　いっしょです。二人で　札幌市内の
　　　　　　かとう　　　　　　　　　　ふたり　　　しない

とりひき先を　回ったり、銀行に　あいさつに
行ったり　します。

木村：　　加藤さんは　住んでいた　ことが　ありますから、

札幌を　よく　知っていますよ。

ブラウン：　そうですか。安心しました。

Kimura:　Mr. Brown, is it a business trip you're going on?

Brown:　Yes. From tomorrow, to the Sapporo branch office. Have you ever been to Hokkaido?

Kimura:　Yes, at the time I was a (college) student, (we) once made a trip to Hokkaido. We toured Hokkaido by car.

Brown:　What kind of place is Sapporo?

Kimura:　The city of Sapporo is a really bustling (place) and quite interesting. Is this (your) first time?

Brown:　Yes. I've seen pictures, but I've never been there.

Kimura:　Are you making (this) trip alone?

Brown:　(No,) with Mr. Kato. The two of us will go around to (our) business contacts within Sapporo and pay our respects at the banks (and so on).

Kimura:　Mr. Kato has lived in Sapporo, so he knows (it) well.

Brown:　Is that right? I'm relieved.

❏ **Vocabulary**

木村	Japanese surname
出張	business/official trip
支店	branch (office/store)
北海道	Hokkaido (prefecture)
ことが　ある	had the experience of
ころ	time
回る	tour, go round
なかなか	quite, very
市内	within a city
とりひき先	business contact
あいさつ	greeting, address
～たり～たり　する	do X, Y, etc.
安心する	be relieved/relaxed
安心	peace of mind

- **...た　ことが　あります**

北海道に　行った　ことが　ありますか。
（ほっかいどう）（い）

As can be seen in the dialogue, the た form of a verb plus ことが ある expresses the fact that a person has experienced a particular thing.

ex. 札幌に　住んでいた　ことが　あります。"(He) has lived in Sapporo."
（さっぽろ）（す）

- **て and た forms from ます form**

Certain て forms were given and used in Book I. Now let's see how they can be made from the ます form.

With Regular II and the two Irregular verbs it is only necessary to replace ます with て or た.

Regular II: 食べ（ます）→ 食べて/食べた; 見（ます）→ 見て/見た
（た）（た）（た）（み）（み）（み）

Irregular: 来（ます）→ 来て/来た; し（ます）→ して/した
（き）（き）（き）

Regular I verbs

	ます form → て/た form	Other similar verbs
Type 1　いて/いた	書きます→書いて/書いた	聞きます, 歩きます,
いで/いだ	およぎます→およいで/およいだ	ぬぎます, いそぎます
Type 2　って/った	買います→買って/買った	言います, もらいます,
	持ちます→持って/持った	まちます, 立ちます,
	帰ります→帰って/帰った	売ります, のります
Type 3　んで/んだ	あそびます→あそんで/あそんだ	よびます, えらびます,
	飲みます→飲んで/飲んだ	すみます, 読みます
	しにます→しんで/しんだ	*

* There are no other verbs belonging to this category.
Note that no euphonic change occurs when the syllable is し e.g., 話し（ます）→ 話し/話した, なおし（ます）→ なおして/なおした, and for 行きます the transformation is 行き（ます）→ 行って/行った.
（はな）（はな）（はな）（い）（い）（い）

- **...たり...たりします**

札幌市内の　とりひき先を　回ったり、銀行に　あいさつに　行ったり　します。
（さっぽろしない）（さき）（まわ）（ぎんこう）（い）

In the dialogue this pattern implies doing X, Y, and other things, which is also the implication when only one verb is used. In other cases, the pattern means that two or more actions are done alternately or repeatedly.

The たり form is made by adding り to the た form.

ex. 1. 日曜日には　本を　読んだり、おんがくを　聞いたりします。

　　　"On Sundays I read books, listen to music (and so on)."

　　2. ドアを　開けたり　閉めたり　しないでください。うるさい　です。

　　　"Please don't (keep on) opening and closing the door. It's (too) noisy."

NOTES

1. 車で　北海道を　回りました。

The particle を as used here is the same as しんごうを　みぎに　まがって (Book I, p. 133). Some other verbs of motion taking the particle を when the action is through, along or from a certain place, are とおる, "pass along/through," 歩く, "walk," とぶ, "fly," and 出る, "go out, leave."

　　ex. 1. 私は　銀座どおりを　歩きました。"I walked along the (main) Ginza street."

　　　2. ひこうきが　空を　とんでいます。"The plane is flying through the air."

2. 札幌の　町は　にぎやかで、なかなか　おもしろいですよ。

Dictionaries equate なかなか with "quite," "very," "considerably," "exceedingly," reflecting the good impression or high evaluation on whatever the speaker is commenting.

3. 写真を　見た　ことは　ありますが、行った　ことは　ありません。

Besides being a topic marker, the particle は is used for contrast, or to particularize or emphasize the subject. Particles such as に, で, and から can be combined with は, but not が and を. These are replaced by は.

　　ex. 1. みんなから　へんじを　もらいましたか。
　　　　"Did you get answers from everybody?"

　　　　いいえ、まだです。木村さんと　田中さんからは　もらいました。

　　　　"No, not yet. (I) got (them only) from Kimura and Tanaka."

　　2. ここから　前の　せきでは　たばこを　すわないでください。

　　　　"Please, no smoking in the seats ahead of these."

　　3. 毎年　クリスマスカードを　書きますか。

　　　　"Do (you) send (*lit.* write) Christmas cards every year?"

　　　　クリスマスカードは　書きませんが、ねんがじょうは　毎年　書きます。

　　　　"(I) don't (always) send Christmas cards, but (I) send New Year's cards every year."

4. 北海道 に/へ...
   <ruby>北海道<rt>ほっかいどう</rt></ruby>

Either に or へ can occur with verbs such as 行く. On the interchangeability of these
particles, see Book I, p. 38.
   <ruby>行<rt>い</rt></ruby>

PRACTICE

❏ KEY SENTENCES

1. 渡辺さんは　ホンコンに　行った　ことが　あります。
   <ruby>渡辺<rt>わたなべ</rt></ruby>
2. 日曜日は　本を　読んだり、おんがくを　聞いたり　します。
   <ruby>日曜日<rt>にちようび</rt></ruby>　<ruby>本<rt>ほん</rt></ruby>　<ruby>読<rt>よ</rt></ruby>　<ruby>聞<rt>き</rt></ruby>

1. Ms. Watanabe has been to Hong Kong.
2. Sundays, (I) read books, listen to music, (and so on).

❏ Vocabulary

渡辺　　　　　　　　　　　Japanese surname
わたなべ

EXERCISES

I Verbs: Study the examples, convert into て and た forms, and memorize.

A. Reg. I

ex.　書きます→　　　書く→　　　　書いて→　　　　書いた
　　　か
　　　読みます→　　　読む→　　　　読んで→　　　　読んだ
　　　会います→　　　会う→　　　　会って→　　　　会った
　　　あ
　　　終わります→　　終わる→　　　終わって→　　　終わった
　　　お

1. 習います	6. のぼります	11. ぬぎます	16. 話します
2. およぎます	7. おきます (put)	12. おとします	17. すわります
3. しにます	8. みがきます	13. はたらきます	18. なおします
4. あそびます	9. 持ちます	14. 買います	19. 歩きます
5. 立ちます	10. とびます	15. 行きます	20. 休みます

1. なら　5. た　9. も　13. はたらきます　14. か　16. はな　19. ある　20. やす

B. Reg. II and Irreg.

ex. Reg. II つけます→ つける→ つけて→ つけた

起きます (get up)→ 起きる→ 起きて→ 起きた

Irreg. 来ます→ 来る→ 来て→ 来た

します→ する→ して→ した

1. 着ます
2. 考えます
3. おちます
4. ねます
5. 安心します

6. わすれます
7. 見せます
8. 出かけます
9. 持ってきます
10. 住んでいます

11. れんしゅうします
12. 売っています
13. 出ます
14. 始めます
15. おります

II Make dialogues by changing the underlined parts as in the examples given.

A. *ex.* Q: スミスさんは 前に 九州に 行った ことが ありますか。

A: はい、一度 行った ことが あります。

1. 林さんの おくさんに 会いました
2. 富士山に のぼりました
3. 新幹線に のりました
4. ヨーロッパを 回りました

B. *ex.* Q: スミスさんは ユーフォー(UFO)を 見た ことが ありますか。

A: いいえ、ざんねんですが、見た ことが ありません。

1. アフリカへ 行きました
2. じゅうどうを 習いました
3. だいとうりょうに 会いました

C. *ex.* Q: 札幌の 町を 知っていますか。

A: 写真を 見た ことは ありますが、行った ことは

ありません。

1. ジョンソンさん、名前を　聞きました、会いました

2. とうふ、スーパーで　見ました、食べました

3. シェークスピアの　ハムレット、映画を　見ました、本を
   読みました

D. ex. Q: 週末に　何を　しましたか。

A: 買いものに　行ったり、友だちに　会ったりしました。

1. テニスを　する、さんぽを　する

2. ビデオを　見る、子どもと　あそぶ

3. 手紙を　書く、ざっしを　読む

4. 友だちと　話す、レコードを　聞く

5. うみで　およぐ、つりを　する

❏ Vocabulary

のぼる	climb
おく	put, set up
とぶ	fly
すわる	sit, take a seat
着る	wear, put on
れんしゅうする	practice
れんしゅう	practice
九州	Kyushu (place name)
富士山	Mount Fuji
〜山	Mount (with names)
ユーフォー	UFO (unidentified flying object)
ざんねん（な）	disappointing
アフリカ	Africa
じゅうどう	judo
だいとうりょう	president
とうふ	tofu
シェークスピア	Shakespeare
ハムレット	Hamlet

ビデオ	video
つりを　する	fish
つり	fishing

SHORT DIALOGUES

1. A:　京都に　行った　ことが　ありますか。
   B:　はい、あります。
   A:　いつ　行きましたか。
   B:　去年の　8月に　行きました。

   A:　Have (you) ever been to Kyoto?
   B:　Yes, I have.
   A:　When did (you) go?
   B:　(I) went last August.

2. 田中:　よく　大阪に　出張しますね。
   加藤:　ええ。1か月に　5回ぐらい　東京と　大阪を　行ったり　来たり　しています。

   Tanaka:　You often make business trips to Osaka, don't you?
   Kato:　Yes. I come and go (between) Tokyo and Osaka about five times a month.

QUIZ

I　Read this lesson's Opening Dialogue and answer the following questions.

1.　ブラウンさんは　だれと　北海道に　行きますか。
2.　ブラウンさんは　北海道に　行った　ことが　ありますか。
3.　木村さんも　いっしょに　札幌支店に　行きますか。
4.　ブラウンさんは　札幌へ　行って　何を　しますか。

II　Put the appropriate particles in the parentheses.

1.　ヨーロッパ　(　　)　旅行　(　　)　行った　ことが　あります。
2.　車　(　　)　北海道　(　　)　回りました。
3.　すしを　食べた　こと　(　　)　あります　(　　)、つくった　こと
　　(　　)　ありません。

4. スミスさんは 一人（　　）こうえん（　　）歩いています。
　　　　　　　　ひとり　　　　　　　　　　　　　　　　ある

III Convert the following verbs into the た form.

1. のぼります　　　　　6. おとします　　　　　11. 回ります
　　　　　　　　　　　　　　　　　　　　　　　　　　まわ

2. 会います　　　　　　7. 読みます　　　　　　12. せつめいします
　　あ　　　　　　　　　　よ

3. 食べます　　　　　　8. わすれます　　　　　13. およぎます
　　た

4. 聞きます　　　　　　9. 見ます　　　　　　　14. 習います
　　き　　　　　　　　　　み　　　　　　　　　　なら

5. います　　　　　　　10. あそびます　　　　　15. 出かけます
　　　　　　　　　　　　　　　　　　　　　　　　　　で

IV Complete the sentences with the appropriate form of the verbs indicated.

1. 富士山に（　　）ことが ありますか。（のぼります）
　　ふ じ さん

2. パーティーで 一度 スミスさんの おくさんに（　　）ことが
　　　　　　　　いち ど
　　あります。（会います）

3. この ラジオで 外国の ニュースを（　　）ことが できますか。
　　　　　　　　　がいこく
　　（聞きます）

4. きのうの 晩 本を（　　）だり、手紙を（　　）たり しました。
　　　　　　ばん ほん　　　　　　　て がみ
　　（読みます、書きます）
　　　　　　　　　　か

5. 週末に 映画を（　　）たり、友だちに（　　）たり します。
　　しゅうまつ えい が　　　　　　　とも
　　（見ます、会います）

V Answer the following questions.

1. あなたは かぶきを 見た ことが ありますか。

2. あなたは 中国に 行った ことが ありますか。
　　　　　　ちゅうごく い

3. あなたは 新幹線に のった ことが ありますか。
　　　　　　しん かん せん

4. あなたは 日曜日に 何を しますか。
　　　　　　にち よう び なに
　　(Use ... たり ... たり します。)

5. あなたは 去年の なつ休みに 何を しましたか。
　　　　　　きょねん やす
　　(Use ... たり ... たり しました。)

1. 出張

シュッチョウ

| 出 | 丨 | 屮 | 屮 | 出 | 出 | (5) |

で(る)・だ(す)

| 張 | ¬ | ¬ | 弓 | 引 | 引 | 引 | 引 | 張 | 張 | 張 | (11) |

は(る)

2. 支店

シ テン

| 支 | 一 | 十 | 𠂇 | 支 | (4) |

| 店 | 、 | 丶 | 广 | 广 | 庐 | 庐 | 店 | 店 | (8) |

みせ

3. 学生

ガクセイ

| 生 | ノ | 丿 | 牛 | 牛 | 生 | (5) |

う(まれる)

4. 回る

まわ

| 回 | 丨 | 冂 | 冂 | 回 | 回 | 回 | (6) |

カイ

5. 町

まち

| 町 | 丨 | 冂 | 冊 | 田 | 田 | 田 | 町 | (7) |

チョウ

6. 市内

シ ナイ

| 市 | 、 | 亠 | 亣 | 市 | 市 | (5) |

いち

| 内 | 丨 | 冂 | 内 | 内 | (4) |

うち

7. 銀行

ギン コウ

| 銀 | ノ | 𠆢 | 𠆢 | 合 | 牟 | 釒 | 金 | 金 | 釘 | 釘 | 鈤 | 鈤 | 銀 | 銀 | (14) |

| 行 | ノ | 彳 | 彳 | 行 | 行 | 行 | (6) |

い(く)

LESSON
5

A NEW WORD PROCESSOR
新しい　ワープロ

Mr. Hayashi gives Mr. Chang some advice about work procedures.

林：　　　ワープロの　カタログが　たくさん　ありますね。

チャン：　ええ、きのう　セールスの　人が　くれました。

　　　　　うちの　課の　ワープロが　古く　なりましたから、

　　　　　新しいのに　かえたいです。

林：　　　ほう、どれに　しますか。

チャン：　A社の　45S が　安く　なりましたが、まだ　決めて

　　　　　いません。

林：　　　ところで、システム部の　小川さんに　話しましたか。

チャン：　いいえ、まだ　話していません。

林：　　　ちょっと　まずいですねえ。まず　小川さんと　そう

　　　　　だんしてから　決めてください。

チャン：　わかりました。

One month later.

鈴木：　　あ、新しい　ワープロが　来ましたね。

チャン：　ええ。これは　使い方が　かんたんですし、画面も

　　　　　大きいですし、いいですよ。

鈴木：　　ぼくも　こんな　ワープロが　ほしいなあ。

Hayashi:　(You) have a lot of word processor catalogues, I see.

Chang:　Yes, a salesman gave (them to me) yesterday. Our section's word processor is old, so I want to change it for a new one.

Hayashi:　Oh, which type have (you) decided on?

Chang:　A Company's 45S has become cheaper, but we still haven't decided yet.

Hayashi:　By the way, have you talked to Mr. Ogawa in the Systems Department?

Chang:　No, I haven't spoken (to him) yet.

Hayashi:　(That makes things) a little awkward. Before you do anything else, consult Mr. Ogawa and then please decide.

Chang:　I understand.

Suzuki:　Ah, the new word processor has arrived, hasn't it?

Chang:　Yes. This (model) is both simple to use and it has a large screen, so it's (a) good (one).

Suzuki:　I wish I had a word processor like this.

❏ **Vocabulary**

ワープロ	word processor
セールスの　人	salesperson
セールス	sales
くれる	give
うちの	our
課	section
かえる	change
ほう	oh
～に　する	decide
A社	A Company
なる	become
決める	decide
ところで	by the way

システム部 _ぶ	systems department
システム	system
小川 _{お がわ}	Japanese surname
まずい	awkward, unsavory
まず	before anything (else)
そうだんする	consult
～てから	after
使い方 _{つか かた}	way of using
～方 _{かた}	way, how to
かんたん（な）	simple, easy
～し	and, moreover
画面 _{が めん}	screen
ぼく	I (informal men's speech)
こんな	like this, this sort of
ほしい	want, desire
～なあ	(particle indicating emphasis; informal)

GRAMMAR & LESSON OBJECTIVES

- く/に　なります

A社の　45Sが　安く　なりました。

Before なる (or other verbs), the い of an い adjectives is changed to く, as in 大きく

なります, "become big," and 赤く　なります, "get red."

With な adjectives and nouns, に is used.

ex.　静かな → 静かに　なります。 "It'll get quiet."

　　あらしに　なりました。 "It got stormy."

　　コーチに　なりたい です。 "(I) want to become a coach."

なります can also follow ない, which changes in the same way as an い adjective, and negative verbs can be used in the same way.

ex.　大阪には　行かなく　なりました。 "The plan was changed to not going to Osaka."

- **Noun に　します, a pattern to express the speaker's intention or conscious decision.**

どれに　しますか。

This sentence is used to ask the second person's choice, just as これに　します, meaning, "I choose this one," expresses the speaker's decision.

ex. どこで　お茶を　飲みますか。"Where shall we have tea?"

あの　きっさてんに　しましょう。"Let's make it that coffee shop."

● て から

小川さんと　そうだんしてから　決めてください。

The て form plus から means "after -ing." It should not be confused with から meaning "because."

ex. 私の　せつめいを　聞いてから　質問してください。

"After listening to my explanation, please ask questions."

● ていません

まだ　決めていません。

小川さんに　話しましたか。いいえ、まだ　話していません。

One meaning of ていません is to indicate that something has not yet occurred or been achieved; it conveys a feeling of unfinishedness. The answer above could not be 話しませんでした, as that would imply Chang does not intend to consult Ogawa. Compare this with the following examples.

ex. 1. きょうの　新聞を　読みましたか。"Did you read today's newspaper?"

いいえ、まだ　読んでいません。"No, not yet."

2. 子どもの　時、新聞を　読みましたか。

"Did you read newspapers when (you were) a child?"

いいえ、読みませんでした。"No, (I) didn't read (them)."

● **Connective particle** し

これは　使い方も　かんたんですし、画面も　大きいですし、いいですよ。

The particle し joins clauses, which are usually explanations, excuses, or reasons, with the main clause. Past and negative forms of verbs and adjectives can also be used before し, and a single し clause or several of them may be used.

ex. 1. きのうは　雨でしたし、どこにも　出かけませんでした。

"It was raining yesterday, and I did not go out anywhere."

2. この タイプライターは　よく　こしょうしますし、重いですし、新しいのを　買いましょう。

"This typewriter goes wrong often and it's heavy, so let's buy a new one."

NOTES

1. セールスの　人が　くれました。

As pointed out in Book I (p. 99), くれる is used in this case because the receiver is the speaker and his group.

2. 新しいのに　かえたいです。

新しいの here means 新しい　ワープロ. The particle の can be used to stand for a noun provided what it denotes is mutually understood.

ex.　グラスを　借りても　いいですか。"May I borrow a glass?"

どうぞ。そこに　きれいなのが　ありますから、好きなのを　使ってください。

"Please do. There are some clean ones over there. Please use any one you like."

3. ちょっと　まずいですねえ。

Hayashi adds ちょっと to make his negative comment sound softer. This word is sometimes used in requests and refusals with the same purpose.

4. 使い方

〜方 added to the ます stem of a verb is a common way to indicate "how" or "way (of doing)."

ex.　漢字の　読み方, "how to read kanji"

はしの　使い方, "the way to use chopsticks"

こうしゅう電話の　かけ方, "how to make a call from a public telephone"

5. ぼく

This word is sometimes heard in familiar conversation instead of 私, as is きみ in place of あなた. Both are men's words and neither is appropriate when talking to older people.

6. Noun が ほしい

ぼくも　こんな　ワープロが　ほしいなあ。

ほしい, which means "want," conjugates in the same way as い adjectives. Note that the particle が should be used before ほしい, just like the pattern ...が　好きです. バナナが　好きです, "I like bananas." なあ is a particle indicating emphasis and is informal.

Since ほしい sounds too direct, it cannot be used freely when addressing other people. Here Suzuki is speaking to himself. Note that the phrase ...が　ほしいのですが... is the conventional way of requesting something at stores or hotels. (See, Lesson 11, Short Dialogue No. 1.)

PRACTICE

❏ **KEY SENTENCES**

1. ふゆ物の　コートや　セーターが　安く　なりました。
2. たんじょう日の　プレゼントは　セーターに　します。
3. 手を　洗ってから　サンドイッチを　食べましょう。

4. もう　決めましたか。

　　いいえ、まだ　決めていません。

5. おいしいですし、きれいですし、あの　レストランは　いいですよ。

1. Winter clothes like coats and sweaters have become cheap.
2. (I) have decided on a sweater as (his) birthday present.
3. Let's eat the sandwiches after washing our hands.
4. Did you decide?
   No, I haven't decided yet.
5. That restaurant is good, you know, because the food's delicious and the decor is attractive.

❏ **Vocabulary**

ふゆ物 もの	winter clothes/goods
ふゆ	winter
コート	coat

EXERCISES

I　Make dialogues by changing the underlined parts as in the examples given.

A. *ex.*　**Q:** どう　なりましたか。

　　　　A: <u>よく</u>　なりました。／<u>元気に</u>　なりました。
　　　　　　　　　　　　　　げん き

　　　　1. 大きい　　　5. あかるい　　9. 上手
　　　　　　おお　　　　　　　　　　　　じょうず

　　　　2. にぎやか　　6. 静か　　　　10. かんたん
　　　　　　　　　　　　　　しず

　　　　3. つまらない　7. ふくざつ　　11. 強い
　　　　　　　　　　　　　　　　　　　　　　つよ

　　　　4. くらい　　　8. べんり　　　12. きれい

B. *ex. 1.*　**Q:** <u>くらいです</u>。<u>電気を　つけました</u>。どう　なりましたか。
　　　　　　　　　　　　でん き

　　　　　　　A: <u>あかるく</u>　なりました。

　　ex. 2.　**Q:** <u>部屋が　きたないです</u>。<u>そうじを　しました</u>。どうなりま
　　　　　　　　　　へ や
　　　　　　　した か。

　　　　　　　A: <u>きれいに</u>　なりました。

　　　　　　　1. さむいです、ヒーターを　つけました、あたたかい

ふゆ物　の　コート　や　セーター　は　安く　なりました　EXERCISES　53
たんじょう日　の　プレゼント　は　セーター　に　します。

2. かぜを　ひきました、薬を　のみました、いい
　　　　　　　　　くすり

3. パーティーが　終わりました、静か
　　　　　　　　お　　　　しず

4. 日本語を　いっしょうけんめい　勉強しました、上手
　にほんご　　　　　　　　　べんきょう　　じょうず

II Practice the following pattern by changing the underlined parts as in the example given.

ex. 私は　ピアニストに　なりたいです。
　わたし

　1. ゆうめい、なりたい

　2. あたまが　いい、なりたい

　3. うちゅうひこうし、なりたかった

　4. 病気、なりたくない
　　びょうき

　5. びんぼう、なりたくなかった

III Make dialogues by changing the underlined parts as in the examples given.

A. *ex.* **Q:** 何を　食べましょうか。
　　　　　　なに　　た

　　　　A: てんぷらに　しましょう。

　　1. どこで、お茶を　飲みます、あの　きっさてん
　　　　　　　ちゃ　　の

　　2. 何で、行きます、タクシー
　　　　なん　い

　　3. 何を、つくります、とうふの　みそしる

　　4. どこで、スライドを　見ます、2かいの　かいぎしつ
　　　　　　　　　　　　み

　　5. だれに、あげます、ハンサムな　人
　　　　　　　　　　　　　　　　　ひと

B. *ex.* **Q:** いつから　日本語の　勉強を　始めましたか。
　　　　　　　　　　　　　　　　　　はじ

　　　　A: 日本に　来てから　始めました。
　　　　　　　　き

　　1. ゴルフ、けっこんする

　　2. テニス、スポーツクラブに　入る
　　　　　　　　　　　　　　　はい

　　3. この　仕事、大学を　出る
　　　　　しごと　だいがく　て

　　4. うんてん、30さいに　なる

C. *ex.* **Q:** いつも　そうだんしてから　決めますか。
　　　　　　　　　　　　　　　き

　　　　A: はい、たいてい　そうだんしてから　決めます。

1. カタログを　見る、買う
2. コーヒーを　飲む、仕事を　始める
3. 予約を　する、レストランに　行く
4. 電話を　かける、友だちを　たずねる

D. *ex.* **Q:** もう　<u>この　本を　読み</u>ましたか。

A: いいえ、まだ　<u>読ん</u>でいません。

1. きっぷを　買う
2. 電話を　かける
3. にもつが　届く
4. 手紙を　出す

E. *ex.* **Q:** <u>新しい　うち</u>は　どうですか。

A: <u>広い</u>ですし、<u>きれい</u>ですし、<u>すばらしい</u>です。

1. 新しい　カメラ、かるい、べんり、気に　入っています。
2. 今の　仕事、いそがしい、ざんぎょうが　あります、たいへんです。
3. 今の　アパート、せまい、うるさい、ひっこしたいです。

F. *ex.* スミス：　田中さんは　加藤さんに　何を　あげましたか。

渡辺：　<u>ネクタイ</u>を　あげました。

スミス：　あなたには？

渡辺：　私には　<u>かびん</u>を　くれました。

1. 京都の　おかし、京都の　やき物
2. しまの　シャツ、きぬの　スカーフ
3. 映画の　きっぷ、かぶきの　きっぷ
4. ウイスキー、花束

❏ Vocabulary

どうなりましたか	(*lit.*) "How have (things) become?" (See Book III, Lesson 11, Note 1.)
あかるい	bright
強い	strong
きたない	dirty
そうじを　する	clean
そうじ	cleaning
ヒーター	heater
あたたかい	warm
かぜを　ひく	catch a cold
かぜ	a cold
ひく	catch
いっしょうけんめい	as hard as one can
ピアニスト	pianist
うちゅうひこうし	astronaut
うちゅう	universe
ひこうし	aviator
病気	sickness
びんぼう（な）	poor
みそしる	miso soup
みそ	soybean paste
しる	soup
ハンサム（な）	handsome
出る	graduate, leave
たいてい	usually, most of the time
たずねる	visit
にもつ	baggage, cargo
出す	mail
かるい	light
ざんぎょう	overtime
たいへん（な）	hard, difficult
アパート	apartment
せまい	small, narrow
ひっこす	move (house)

やき物 （もの）	pottery
シャツ	shirt
きぬ	silk
スカーフ	scarf
ウイスキー	whiskey
花束 （はなたば）	bouquet

SHORT DIALOGUES

1. A: 何に　しますか。
（なん）

   B: ぼくは　コーヒーに　します。

   C: そうですねえ。わたしは　ジュースが　いいです。

   D: わたしは　アイスクリームです。

   A: What'll you have?
   B: I'll have coffee.
   C: Let's see . . . I'll have juice.
   D: Ice cream for me.

2. A: この　しょるいは　どう　しましょうか。

   B: コピーしてから　すぐ　送ってください。
（おく）

   A: What should we do with this document?
   B: Please send it immediately after making a copy (of it).

3. A: 今晩　映画に　行きませんか。
（こんばん）（えいが）（い）

   B: あした　試験が　ありますし、ざんねんですが . . .。
（しけん）

   A: Would you like to go to a movie with me tonight?
   B: I have an examination tomorrow, so although I'd like to . . .

4. A: お子さんは　おいくつですか。
（こ）

   B: 来月　八つに　なります。
（らいげつ）（やっ）

   A: How old is you child?
   B: He/She will be eight next month.

❏ **Vocabulary**

しょるい	document
すぐ	immediately
試験 （しけん）	examination

お子さん	(someone else's) child(ren)
（お）いくつ	how old (for a person)
八つ	eight years old

QUIZ

I Read this lesson's Opening Dialogue and answer the following questions.

1. チャンさんは　だれに　ワープロの　カタログを　もらいましたか。

2. A社の　ワープロの　45Sは　高く　なりましたか、安く　なりましたか。

3. 小川さんは　何部の　人ですか。

4. 新しい　ワープロは　使い方が　かんたんですか。

II Put the appropriate particles in the parentheses.

1. 友だちが　私（　　）しま（　　）シャツ（　　）くれました。

2. デザートは　アイスクリーム（　　）しましょう。

3. 今日　新しい　ワープロ（　　）来ました。使い方（　　）かんたん　です（　　）、とても　べんりです。

4. とりひき先（　　）住所は　私より　ひしょ（　　）ほう（　　）よく　知っています。

5. 昼ごはん（　　）食べてから、こうえん（　　）さんぽしましょう。

6. 私は　子ども（　　）ころ　ピアニスト（　　）なりたかったです。

7. みちが　こんでいます（　　）、人が　多いです（　　）、行きたくないです。

8. テレビ（　　）古く　なりましたから、新しいの（　　）かえます。

9. 新しい　カメラ（　　）ほしいなあ。

III Complete the questions so that they fit the answers.

1. （　　）ワープロを　買いますか。

　　45S　に　します。

2. （　　）電話を　かけますか。
でんわ

うちに　帰ってから　かけます。
かえ

3. （　　）に　そうだんしましたか。
システム部の　小川さんに　そうだんしました。
ぶ　　　おがわ

IV Complete the sentences with the appropriate form of the verbs indicated.

1. みそしるの（　　）方を（　　）ください。（つくる、教える）
かた　　　　　　　　　　　　　　　おし

2. わすれ物は　まだ　じむしつに（　　）いません。（届く）
もの　　　　　　　　　　　　　　　　　　　　　とど

3. 毎日　うちに（　　）から、1時間ぐらい　日本語を　勉強します。
まいにち　　　　　　　　　　じかん　　　　　にほんご　　べんきょう
（帰る）

4. よく（　　）から（　　）ください。（考える、決める）
かんが　　　　き

5. 子どもに（　　）前に、家内と　よく　そうだんします。（話す）
こ　　　　　　　まえ　かない　　　　　　　　　　　　　　　　はな

6. 日本の　うたを（　　）ことが　できますか。（うたう）

V Answer the following questions.

1. あなたは　日本語が　上手に　なりましたか。
じょうず

2. あなたは　もう　今朝の　新聞を　読みましたか。
けさ　しんぶん　よ

3. 朝　食事を　する　前に　はを　みがきますか、食事を　してから
あさ　しょくじ
はを　みがきますか。

4. あなたの　好きな　りょうりの　つくり方を　かんたんに　せつめい
す
してください。（Use . . . てから, . . . 前 に）

NEW KANJI

1. 人
ひと

人 ノ 人 (2)
ジン・ニン

2. 課
カ

課 ` ゛ ⸗ ⸗ 言 言 訂 訂 訂 評 課 課

課 (15)

3. 古い
ふる

| 古 | 一 | 十 | 古 | 古 | 古 | (5) |

4. 新しい
あたら

| 新 | ゝ | 二 | 十 | 立 | 立 | 辛 | 辛 | 亲 | 亲 | 新 | 新 | 新 | (13) |

シン

5. 安い
やす

| 安 | ゝ | ゛ | 宀 | 灾 | 安 | 安 | (6) |

アン

6. 決める
き

| 決 | ゝ | ゛ | シ | 沪 | 沪 | 決 | (7) |

ケツ

7. 部
ぶ

| 部 | ゝ | 二 | 十 | 立 | 产 | 音 | 音 | 音 | 部 | 部 | (11) |

8. 来る
く

| 来 | 一 | 一 | 一 | 平 | 平 | 来 | 来 | (7) |

ライ

9. 使い方
つか かた

| 方 | ゝ | 亠 | 方 | 方 | (4) |

ホウ

10. お茶
チャ

| 茶 | 一 | 十 | 艹 | 荗 | 艾 | 苓 | 苶 | 茶 | 茶 | (9) |

11. 今晩
コンバン

| 晩 | l | Π | Ħ | 日 | 日 | 田 | 昣 | 晼 | 晼 | 晼 | 晩 | (12) |

LESSON
6

A PALE FACE
早退
（そう たい）

After meeting Mr. Chang in the elevator Mr. Kato advises him to take the rest of the day off.

加藤：　かお色が　よく　ありませんね。かぜですか。
（かとう）　（いろ）

チャン：　ええ、おととい　いしゃに　行って　薬を　もらっ
　　　　　　　　　　　　　　　（い）　　（くすり）
　　　てきましたが、なかなか　よく　なりません。今朝
　　　　　　　　　　　　　　　　　　　　　　　　（け さ）
　　　は　ねつが　38度　ありました。
　　　　　　　　　（ど）

加藤：　それじゃ、早く　うちに　帰って　休んだ　ほうが
　　　　　　　　（はや）　　　（かえ）　　（やす）
　　　いいですよ。

チャン：　でも、この　プロジェクトが　始まったばかりです
　　　　　　　　　　　　　　　　　　　（はじ）
　　　から・・・。

加藤：　むりを　しない　ほうが　いいですよ。来週は
　　　　　　　　　　　　　　　　　　　　　（らいしゅう）
　　　もっと　いそがしく　なりますから、今の　うちに
　　　　　　　　　　　　　　　　　　　　（いま）
　　　なおした　ほうが　いいですよ。

チャン：　それでは　申しわけありませんが、鈴木くんか　木
　　　　　　　　（もう）　　　　　　　　（すずき）　　（き）
　　　村くんに　後を　よく　たのんでから、帰ります。
　　（むら）　　（あと）

61

加藤：　　　鈴木くんには　さっき　別の　用事を　たのみまし
かとう　　　　すずき　　　　　　　　べつ　　ようじ

たから、木村くんの　ほうが　いいですよ。
きむら

チャン：　　わかりました。では、お先に　しつれいします。
さき

加藤：　　　お大事に。
だいじ

Kato: (Your) complexion isn't good. Caught cold?
Chang: Eh, I went to the doctor the day before yesterday and got medicine, but it's not get-
            ting any better. My temperature this morning was 38 degrees.
Kato: In that case it's better to go home early and get some rest.
Chang: Actually, since this project has just started—
Kato: It's better not to overdo it. Next week'll be (even) busier. It'd be better if you got
            well right away.
Chang: Well then, I'm sorry but I'll leave after asking Suzuki or Kimura (to look after) the
            rest (of my work).
Kato: I just asked Suzuki (to do) some other work. It'll have to be Kimura.
Chang: I see. Good-bye, then.
Kato: Take care of yourself.

❏ Vocabulary

かお色	complexion
いろ	
かお	face
色	color
いろ	
～てくる	(*lit.*) "go, do something and return"
なかなか～ない	not any/at all
それじゃ	in that case
～た　ほうが　いい	it's better to . . ./(you) had better . . .
プロジェクト	project
始まる	start
はじ	
～たばかり	(have) just
むりを　する	overdo
むり	impossible
～ない　ほうが　いい	it's better not to . . .
もっと	more
今の　うちに	right away, before it's too late
いま	
それでは	well then

申_{もう}しわけありません	I'm sorry (*lit.* "There's no excuse")
申_{もう}しわけ	excuse, apology
～くん	Mr., Master (informal men's speech)
か	or (particle)
後_{あと}	rest
たのむ	request
さっき	a short time ago
別_{べつ}の	some other (thing)
用事_{ようじ}	work, business
お先_{さき}に　しつれいします	good-bye
先_{さき}	ahead, before, beyond
お大事_{だいじ}に	Take care of yourself. (Said to sick people.)

GRAMMAR & LESSON OBJECTIVES

● ...ほうが　いいです

うちに　帰_{かえ}って　休_{やす}んだ　ほうが　いいですよ。

むりを　しない　ほうが　いいですよ。

今_{いま}の　うちに　なおした　ほうが　いいですよ。

木村_{きむら}くんの　ほうが　いいですよ。

As in these sentences, which are suggestions, the た form is more common before ほうが　いいです, although recently the dictionary form has also come to be used. For negatives, whether verbs or adjectives, always use the plain ない form. For either type of adjective, use the ordinary form, such as 大_{おお}きい　ほうが　いいです or べんりな　ほうが　いいです. After nouns add the particle の.

NOTES

1. よく　ありません。

This is the same as よくないです (Book I, p. 86).

ex.　1. 大_{おお}きく　ありません/ないです。

　　　2. 高_{たか}く　ありません/ないです。

Similarly with な adjectives: 静_{しず}かでは/じゃありません or べんりでは/じゃありません (introduced in Book I, p. 88) can be 静_{しず}かでは/じゃないです or べんりでは/じゃ ないです. These alternative patterns are interchangeable in meaning.

2. いしゃに　行って　薬を　もらってきました。

This てくる pattern sometimes has its literal meaning of "go, do something, and return." (See Book III, Lesson 7 for a fuller discussion of this pattern.) The sentence can be translated, "I went to the doctor, got (some) medicine, and came back."

 ex. パンを　買ってきます。"I'll buy bread (and come back)."

3. なかなか　よく　なりません。

なかなか plus a negative implies that, contrary to expectations, something does not exist or has not happened or a favorable outcome is lacking despite a person's efforts or expectations.

 ex. 1. 英語が　なかなか　上手に　なりません。

    "(I) still haven't become good at English."

   2. 田中さんから　手紙が　なかなか　届きません。

    "The letter (I've been waiting for) from Tanaka hasn't arrived."

4. この　プロジェクトが　始まったばかりですから。

The pattern たばかり indicates something has just happened.

 ex. 1. 私は　今　来たばかりです。"I just now arrived."

   2. その　ニュースを　知ったばかりです。"I just learned that news."

5. 鈴木くんか　木村くんに...

くん is less polite than さん. Typically heard when younger boys or men are being spoken to, it is never used between women or when addressing elders.

6. お先に　しつれいします。

The sense of this is that by leaving before others, one is doing something one should excuse oneself for. It is a very common expression, often shortened to either お先に or しつれいします。 (See Book I, p. 46.) お先に may also be said when proceeding others through a door or into a car and so on.

PRACTICE

❏ KEY SENTENCES

1. すぐ　けいさつに　電話した　ほうが　いいです。
2. あの　店へ　行って、たばこを　買ってきます。

1. You'd better telephone the police immediately.
2. I'm going to that shop to buy tobacco.

けいさつ　　　　　　　　police

EXERCISES

I Review: Study the examples again and convert the verbs into the ない form.

A.　Reg. I

ex.　行く→　　　行かない　　　　話す→　　　話さない

　　　急ぐ→　　　急がない　　　　まつ→　　　またない

　　　飲む→　　　飲まない　　　　習う→　　　習わない

　　　しぬ→　　　しなない　　　　なおる→　　なおらない

　　　あそぶ→　　あそばない　　　ある→　　　ない

　　1. およぐ　　　4. もらう　　　7. 住む　　　10. ひろう

　　2. つくる　　　5. おとす　　　8. かかる　　11. けす

　　3. みがく　　　6. 持つ　　　　9. よぶ　　　12. 使う

B.　Reg. II and Irreg.

ex.　閉める→　　閉めない　　　　来る→　　　来ない

　　　おりる→　　おりない　　　　する→　　　しない

　　1. 始める　　　3. いる　　　　5. 持ってくる　　7. 電話する

　　2. できる　　　4. 決める　　　6. せつめいする　8. わすれる

II Make dialogues by changing the underlined parts as in the examples given.

A. *ex.*　A: <u>タクシーで　行きましょうか</u>。

　　　　　B: いいえ、<u>地下鉄で　行った</u>　ほうが　いいですよ。

　　　　　1. 鈴木さんに　聞く、加藤さんに

　　　　　2. 午後　電話する、午前中に

　　　　　3. あした　しょるいを　送る、今　すぐ

B. *ex.* **Q:** 行く　前に　電話した　ほうが　いいですか。

A: ええ、その　ほうが　いいですよ。

1. ねる　前に　薬を　飲む
2. ふなびんで　送る
3. ストーブを　けす
4. 田中さんに　知らせる

C. *ex.* **Q:** どう　しましょうか。

A: 林さんに　話した　ほうが　いいです。

1. まどを　閉める　　　　4. バスで　行く
2. 田中さんに　言う　　　5. 林さんに　そうだんする
3. すぐ　出かける　　　　6. （お）さけを　持ってくる

D. *ex.* **Q:** 今　電話しても　いいですか。

A: もう　おそいですから、しない　ほうが　いいですよ。

1. たばこを　すう、けんこうに　よくないです
2. ここに　車を　止める、こうさてんに　近いです
3. さけを　飲む、まだ　病気が　なおっていません
4. もう　発表する、まだ　部長に　話していません

E. *ex.* **Q:** だれが　いいですか。

A: 鈴木くんか　木村くんが　いいです。

1. 何、ちゅうかりょうり、フランスりょうり
2. いつ、月曜、火曜
3. どこ、銀座、新宿
4. いくらの、1,500円、2,000円の

F. *ex.* **Q:** どちらへ?

A: いしゃに　行って、薬を　もらってきます。

1. 本屋に　行く、しゅうかんしを　買う

2. 食堂へ　行く、食事を　する
   しょくどう　　い　　しょくじ

3. うちへ　帰る、昼ごはんを　食べる
   　　　　かえ　ひる　　　　た

4. 銀行に　行く、お金を　払う
   ぎんこう　　　　かね　はら

5. ゆうびんきょくへ　行く、手紙を　出す
   　　　　　　　　　　　てがみ　だ

❏ Vocabulary

なおる	get well, be fixed
ストーブ	(heating) stove
知らせる し	inform
けんこう	health
発表する はっぴょう	announce, publicize
発表 はっぴょう	announcement
ちゅうかりょうり	Chinese cooking
月曜 げつよう	Monday
火曜 かよう	Tuesday
新宿 しんじゅく	Shinjuku (area in Tokyo)
しゅうかんし	weekly magazine
払う はら	pay

SHORT DIALOGUES

1. A:　おかぜですか。

   B:　ええ。大した　ことは　ありませんが、せきが　止まりません。
   　　　　　たい　　　　　　　　　　　　　　　　　　　と

   A:　それは　いけませんね。

   A:　(Do you have) a cold?
   B:　Yes. It's nothing serious, but the coughing doesn't stop.
   A:　That's too bad. (lit. "It doesn't go [well], does it?")

2. A:　おかぜは　いかがですか。

   B:　おかげさまで　だいぶ　よくなりました。

   A:　それは　よかったですね。

   A:　How's your cold?
   B:　Thank you (for asking). It's considerably better.
   A:　That's good.

3. 鈴木：　　　　もしもし、鈴木です。これから　病院に　よってから、会社に　行きま
　　すずき　　　　す。すみませんが、少し　おそく　なります。
　　加藤：　　　　どうか　しましたか。
　　かとう
　　鈴木：　　　　ええ、ちょっと　足に　けがを　しました。
　　　　　　　　　　　　　　　　あし

Suzuki:　　　Hello. This is Suzuki. I'm going to stop by the hospital, and I'll come to the
　　　　　　　office after that. So I'll be a little late.
Kato:　　　　What's the matter? (*lit.* "Has something happened . . . ?")
Suzuki:　　　Well, I've hurt my leg.

❏ **Vocabulary**

大した たい	serious, important
せき	coughing, cough
止まる と	stop
おかげさまで	Thank you (*lit.* "Thanks to [you]")
だいぶ	considerably, greatly
これから	from now (on)
よる	stop by, drop in
どうか　する	something is wrong
足 あし	leg, foot
けがを　する	(be) hurt
けが	injury, wound

QUIZ

I Read this lesson's Opening Dialogue and answer the following questions.

1. チャンさんは　だれに　薬を　もらいましたか。
　　　　　　　　　　くすり

2. チャンさんは　今朝　何度　ねつが　ありましたか。
　　　　　　　　けさ　なんど

3. いしゃに　行ってから、チャンさんの　かぜは　すぐ　よく　なりま
　　したか。

4. チャンさんは　今日　早く　うちに　帰りますか。
　　　　　　　　きょう　はや　　　　　　かえ

II Put the appropriate particles in the parentheses.

1. 今の　うち（　　）　なおした　ほう（　　）　いいですよ。

2. 加藤さんは　月曜日（　　）　火曜日（　　）　日本に　帰ります。

3. [私は]　さっき　鈴木くん（　　）　別（　　）　用事を　たのみ
   ました。

4. かぜ（　　）　なおりません。申しわけありません（　　）、うち

   （　　）　帰っても　いいですか。

5. では、お先（　　）　しつれいします。

III Complete the sentences with the appropriate form of the verbs indicated.

1. 時間が　ありませんから、（　　）　ほうが　いいですよ。（急ぐ）

2. この　魚は　古いですから、（　　）　ほうが　いいですよ。（食べる）

3. まだ　かぜが（　　）　いませんから、うちで（　　）も　いいですか。

   （なおる、休む）

4. 早く　かぞくに（　　）　ほうが　いいですよ。（知らせる）

5. 渡辺さんの　部屋に（　　）、タイプを（　　）きます。（行く、たの
   む）

6. 今日は　みちが（　　）　いますから、車で（　　）　ほうが　いいです
   よ。（こむ、行く）

IV Circle the correct words in the parentheses.

1. 私は（あまり、たいてい）電車の　中で　新聞を　読みます。

2. タクシーを　まっていますが、（なかなか、ゆっくり）　来ません。

3. （初めて、まず）林さんに　知らせて、（それでは、それから）みんな
   に　知らせてください。

4. 鈴木くんは（さっき、もうすぐ）来ました。

V Choose a sentence to make a suggestion appropriate to the situation described.

A. Your friend is embarrassed about having left his bag on the train.

1. 電車を　おりて、駅員に　話してきます。
2. 駅の　じむしつに　行って、駅員に　話した　ほうが　いいです。
3. 電車に　のって、駅員に　話した　ことが　あります。

B. Your friend, despite having a fever, is drinking sake.

1. おさけを　たくさん　飲んだ　ほうが　いいですよ。
2. 早く　ねた　ほうが　いいですよ。
3. 少し　おさけが　飲みたいです。

NEW KANJI

1. 薬　くすり　ヤク

薬 | 一 | 十 | 艹 | 芀 | 芐 | 甘 | 苷 | 苷 | 苷 | 苬 | 苬 | 薬 | 薬 | 華

薬 薬 (16)

2. 38度　ド

度 | ` | 亠 | 广 | 户 | 产 | 产 | 产 | 庋 | 度 (9)

3. 早い　はや　ソウ

早 | 丨 | 冂 | 日 | 日 | 旦 | 早 (6)

4. 帰る　かえ　キ

帰 | 丨 | リ | リ | リ | リ | リ | 归 | 归 | 帰 | 帰 (10)

5. 休む　やす　キュウ

休 | ノ | イ | 仁 | 什 | 什 | 休 (6)

6. 来週　ライシュウ

週 | ノ | 冂 | 月 | 円 | 円 | 円 | 周 | 周 | 周 | 凋 | 週 (11)

7. 病気
ビョウキ

病 ｀ 亠 广 广 疒 疒 疒 病 病 病 (10)

気 ｀ ′ ⺮ ⺈ 气 気 気 (6)

8. 食堂
ショクドウ

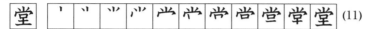

堂 ｀ ｀ ⺍ ⺌ ⺌ 兴 兴 党 営 学 堂 (11)

9. 病院
ビョウイン

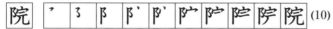

院 ｀ ⻖ ⻖ ⻖ ｀ ⻖ ⻖ ⻖ ⻖ ⻖ 院 (10)

10. 足
あし

足 丨 冂 口 口 ⺊ 尸 足 足 (7)

ソク

LESSON

7

MR. JOHNSON'S ARRIVAL
空港へ　迎えに　行く
くうこう　　むか　　い

Mr. Kato and Mr. Suzuki are talking about Mr. Johnson's arrival tomorrow.

加藤：　　あしたは　ジョンソンさんが　日本に　来る　日で
かとう　　　　　　　　　　　　　　　　　　にほん　く　ひ
すね。

鈴木：　　ええ、そうです。
すずき

加藤：　　だれか　成田空港まで　むかえに　行ってくれませ
かとう　　　　　なりたくうこう　　　　　　　い
んか。

鈴木：　　私が　行きます。時間が　ありますから。
わたし　　　　　　じかん

加藤：　　今朝　たのんだ　仕事は　今日中に　終わりますか。
けさ　　　　　しごと　きょうじゅう　お

鈴木：　　はい、できます。

加藤：　　じゃ、お願いします。ところで、ジョンソンさんを
ねが
知っていますか。
し

鈴木：　　ロンドンの　じむしょに　いた　人ですね。
ひと

加藤：　　ええ。

鈴木：　　写真で　見た　ことが　あります。
しゃしん　み

加藤：　　　成田空港に　着く　時間は　14時50分です。ひこう
かとう　　　　なりたくうこう　　つ　　じかん　　　　　　　　　じ　ぷん
　　　　　　きは　早く　着く　ことも　ありますから、早めに
　　　　　　　　　はや
　　　　　　昼食を　すませて　出発してください。
　　　　　　ちゅうしょく　　　　　　しゅっぱつ

鈴木：　　　はい。ジョンソンさんの　とまる　ホテルは　どこ
すずき
　　　　　　ですか。

加藤：　　　渡辺さんが　知っていますから、渡辺さんに　聞い
かとう　　　わたなべ　　し　　　　　　　　　　　　　　　　　　き
　　　　　　てください。

鈴木：　　　はい。
すずき

Kato: Tomorrow is the day Mr. Johnson comes to Japan, isn't it?
Suzuki: Yes, that's right.
Kato: Won't someone be going to meet (him) at Narita Airport?
Suzuki: I'll go. I have time.
Kato: Will the work (I) asked (you to do) this morning be finished today?
Suzuki: Yes, I can (do it).
Kato: All right, please meet him. By the way, do you know Mr. Johnson?
Suzuki: He's (one of the) people in the London Office, I believe.
Kato: Right.
Suzuki: (I've) seen (his) picture.
Kato: His arrival time at Narita Airport is 14:50. Since planes sometimes arrive early,
           please finish lunch earlier and leave.
Suzuki: Yes, sir. Where's the hotel Mr. Johnson's staying at?
Kato: Ms. Watanabe knows. Please ask her.
Suzuki: I see.

❑ Vocabulary

だれか	someone, anyone
むかえに　行く	go to meet
むかえる	meet, greet
ロンドン	London
じむしょ	office
早めに	early
はや	
昼食	lunch
ちゅうしょく	
すませる	finish

出発する しゅっぱつ			leave
出発 しゅっぱつ			departure
とまる			stay, stop at

GRAMMAR & LESSON OBJECTIVES

• Modifying nouns

A pattern corresponding to the relative clause in English is made by placing the modifiers before the noun. A verb appearing in the middle of the sentence is in a plain form, as noted earlier (p. 29).

present	aff.	あした 来る 人たち, "people (who are) coming tomorrow"
	neg.	あした 来ない 人たち, "people (who are) not coming tomorrow"
past	aff.	きのう 来た 人たち, "people (who) came yesterday"
	neg.	きのう 来なかった 人たち, "people (who) didn't come yesterday"

The following show how a sentence is converted into a modifying clause.

ex. 1. 私は 本を 買いました → 私が/の 買った 本 "the book (that) I bought"
2. 私は きのう 銀座で 本を 買いました → 私が きのう 銀座で 買った 本 "the book (which) I bought in the Ginza yesterday"

Note the changes in word order, the verb forms and the particles. Particle は is replaced by が, or when a clause is very short, it often becomes の.

ex. 1. テニスの 上手な 人 "a person (who is) good at tennis"
2. 足の 長い 男 "a man who has/having long legs." Alternatively, "a man with long legs" or "a long-legged man."

Clauses ending い and な adjectives and noun plus です in the plain form, either past or negative, can modify nouns. (See Appendix A for the patterns.)
These plain forms, shown in the following three examples, are also discussed in the next lesson. (See the table, p. 87.)

ex. 1. 高かった 本 "a book which was expensive"
2. 好きだった 人 "a person (I) once liked"
3. 去年の 夏まで 病院だった たてもの "the building which was a hospital until last summer"

Take careful note of five sentences in the dialogue in which this type of modification pattern occurs.

1. あしたは ジョンソンさんが 日本に 来る 日ですね。
2. 今朝 たのんだ 仕事は 今日中に 終わりますか。
3. ロンドンの じむしょに いた 人ですね。

4. 成田空港に　着く　時間は　14時 50分です。
5. ジョンソンさんの　とまる　ホテルは　どこですか。

NOTES

1. だれか　空港まで　むかえに　行ってくれませんか。

てくれませんか is a form of request, but it would not be used when speaking to a superior. The meaning is "do (something) for (me/us)."

　　ex.　来てくれませんか。"Won't you please come?"

Some other interrogatives of the same type as だれか are 何か, "something," いつ か,

"sometime," and どこ か, "somewhere."

　　ex.　1. だれか　見ていましたか。"Was anyone watching?"

　　　　　2. 京都に　いつか　行きたいです。"(I) want to go to Kyoto sometime."

　　　　　3. 何か　つめたい　飲み物を　ください。
　　　　　　　"Give me (any kind of) cold drink."

2. ひこうきは　早く　着く　ことも　あります。

In addition to the information given in Lesson 4, you should observe that こと is a noun meaning "thing," "happening," "experience" and the pattern ことも あります conveys the idea "it sometimes happens that . . . ," "there are/have been cases of . . ."

　　ex.　1. 大阪へは　たいてい　新幹線で　行きますが、ひこうきで　行く　ことも
　　　　　　　あります。
　　　　　　　"(I) usually go to Osaka on the Shinkansen, but sometimes (I) go by plane."

　　　　　2. 土曜日は　仕事は　休みですが、かいぎを　する　ことも　あります。
　　　　　　　"Saturday is a day off, but sometimes meetings are held."

　　　　　3. 日本の　中学校では　せいとに　英語を　教えますが、フランス語を　教え
　　　　　　　る　学校も　あります。
　　　　　　　"Japanese middle schools teach English to (their) students, but there are some
　　　　　　　schools which teach French."

PRACTICE

❏ **KEY SENTENCES**

1. スミスさんは　ABCで　はたらいている　べんごしです。

2. 九州は　あたたかい　所ですが、ふゆは　ゆきが　ふる　ことも
　あります。

1. Mr. Smith is a lawyer who works for ABC.
2. Kyushu is a warm region, but in winter it sometimes snows.

❏ **Vocabulary**

ゆきが　ふる	it snows (*lit.* "snow falls")
ゆき	snow
ふる	fall

EXERCISES

I Noun-modifying patterns: Memorize the following sentences.

A. 1.　これは　<u>あした　送る</u>　にもつです。

2.　田中さんは　<u>あそこで　本を　読んでいる</u>　人です。

3.　これは　<u>母が　かいた</u>　えです。

4.　<u>来週　習う</u>　レッスンは　8課です。

5.　<u>きのう　来た</u>　人は　山田さんです。

6.　<u>私が　とまった</u>　ホテルは　すばらしかったです。

B. 1.　<u>銀行に　行く</u>　時間が　ありません。

2.　<u>知らない</u>　人が　たずねて　来ました。

3.　<u>きってを　売っている</u>　所を　知っていますか。

4.　<u>ロンドンから　来た</u>　友だちに　会いました。

5.　<u>きのう　来なかった</u>　人は　手を　あげてください。

C. 1.　かれは　<u>あたまが　いい</u>　人です。

2.　あれは　<u>父が　好きな</u>　えです。

3.　<u>かみが　長い</u>　人は　ホワイトさんです。

4.　<u>フランス語が　上手な</u>　人を　知っていますか。

II Make dialogues by changing the underlined parts as in the examples given.

A. *ex.* **Q:** これは　何ですか。

A: <u>えを　かく</u>　どうぐです。

1. ゆでたまごを　きります

2. トイレを　そうじします

3. 重い　にもつを　はこびます
  おも

4. ケーキを　やきます

B. *ex.* **Q:** すみません、東京へ　行く　バスは　どれですか。
  とうきょう　い

  A: あの　駅の　前に　止まっている　バスです。
  えき　まえ　と

  1. 10時に　出ます
  じ　て

  2. 銀座を　とおります
  ぎんざ

  3. 大阪から　来ました
  おおさか　き

  4. 大阪を　10時に　出発しました
  しゅっぱつ

C. *ex.* **Q:** 新聞を　売っている　所を　知っていますか。
  しんぶん　う　ところ　し

  A: さあ、ちょっと　わかりません。

  1. テニスが　できます

  2. 田中さんが　つとめています
  たなか

  3. 安くて　おいしいです
  やす

  4. おいしくて　あまり　高くないです
  たか

D. *ex.* **Q:** 毎日　いそがしいですか。
  まいにち

  A: ええ、手紙を　書く　時間も　ありません。
  てがみ　か　じかん

  1. 新聞を　読みます
  よ

  2. 子どもと　あそびます
  こ

  3. 友だちと　おしゃべりします
  とも

4. ふうふげんかを　します

E. *ex.* **Q:** <u>パーティーに　来_きた</u>　人_{ひと}は　だれですか。

    A: 木村_{きむら}さんです。

      1. 去年_{きょねん}　けっこんしました

      2. かさを　わすれました

      3. まだ　来ていません

      4. まだ　申_{もう}し込_こんでいません

      5. かいぎに　しゅっせきしませんでした

F. *ex.* **A:** あの　人は　だれですか。

    B: どの　人ですか。

    A: <u>めがねを　かけている</u>　人です。

    B: ああ、あの　<u>めがねを　かけている</u>　人ですか。

      あれは　ホワイトさんです。

      1. せきを　しています

      2. 今_{いま}　立_たちました

      3. 大_{おお}きい　声_{こえ}で　わらっています

      4. かみが　みじかいです

      5. せが　高_{たか}いです

III Practice the following pattern by changing the underlined parts as in the example given.

ex. <u>だれか　来ましたか。</u>

    1. 何_{なに}、言_いってください

    2. どこ、行_いきたいですね

    3. いつ、あそびに　来てください

    4. だれ、よびましょうか

IV Make dialogues by changing the underlined parts as in the example given.

ex. **Q:** いつも　<u>ひこうきで　行きます</u>か。

　　A: ええ、たいてい　<u>ひこうきで・行きます</u>が、<u>新幹線で　行く</u>

　　　　ことも　あります。

　　1. 自分で　ネクタイを　えらびます、つまが　えらびます

　　2. 朝ごはんを　食べます、食べません

　　3. 約束の　時間を　まもります、たまに　おそくなります

❏ Vocabulary

レッスン	lesson
〜か	lesson (counter)
知らない　人	stranger
あげる	raise
かれ	he
どうぐ	implement, machine, appliance, tool
ゆでたまご	boiled egg
きる	cut
トイレ	toilet
重い	heavy
はこぶ	carry, transport
やく	bake, grill, roast
とおる	go through/past
も	even (emphasis)
おしゃべりする	chat
ふうふげんか	marital disagreement
ふうふ	husband and wife
けんか	quarrel, fight
申し込む	apply, propose
しゅっせきする	attend
しゅっせき	attendance
かける	wear, put on (glasses)
せきを　する	cough
立つ	stand up

声 こえ	voice
わらう	laugh, smile
みじかい	short
自分で じぶん	by oneself
自分 じぶん	oneself
えらぶ	choose
つま	(one's own) wife
約束 やくそく	promise, appointment
まもる	keep, obey
たまに	once in a while

SHORT DIALOGUES

1. 課長：　　だれか　ちょっと　手を　かしてください。
   かちょう　　　　　　　　　　　　　て
   渡辺：　　何でしょうか。
   わたなべ　　なん
   課長：　　この　しりょうを　かたづけてくれませんか。
   渡辺：　　はい、わかりました。

Section Chief:　Won't someone lend me a hand for a moment?
Watanabe:　What is it (you want)?
Section Chief:　Do me the favor of putting away these papers.
Watanabe:　Yes, certainly.

2. A:　スーパーに　行きますが、何か　買ってきましょうか。
   　　　　　　　　い　　　　なに　か
   B:　ジュースを　買ってきてください。

   A:　どんな　ジュースが　いいですか。

   B:　あまり　あまくないのを　お願いします。
   　　　　　　　　　　　　　ねが

A:　I'm going to the supermarket. Can I get you anything?
B:　Please get me some juice.
A:　What kind of juice do you want.
B:　One that's not too sweet.

❏ Vocabulary

課長 かちょう	section chief
手を　かして て	lend a hand
かす	lend

しりょう	papers, documents
かたづける	put away, tidy up

QUIZ

I Read this lesson's Opening Dialogue and answer the following questions.

1. だれが　ジョンソンさんを　空港まで　むかえに　行きますか。

2. ジョンソンさんは　どこの　じむしょに　いた　人ですか。

3. 加藤さんは　ジョンソンさんの　とまる　ホテルを　知っていますか。

4. 鈴木さんは　ジョンソンさんに　会った　ことが　ありますか。

II Put the appropriate particles in the parentheses.

1. これは　私（　　）かいた　えです。

2. 駅（　　）着く　時間は　何時ですか。

3. 私は　ジョンソンさん（　　）会った　ことは　ありませんが、写真
（　　）見た　ことは　あります。

4. 早く　仕事（　　）すませて、うちに　帰ります。

5. 空港まで　車（　　）むかえ（　　）行きます。

6. たいてい　一人（　　）旅行しますが、友だち（　　）いっしょに
行く　こと（　　）あります。

III Complete the sentences with the appropriate form of the verbs indicated.

1. スペイン語が（　　）人は　だれですか。（できます）

2. 〔あなたが〕　山田さんに（　　）日は　いつですか。（会います）

3. きのう　スライドを（　　）人は　今日　見てください。
（見ませんでした）

4. 英語が（　　）人には　日本語で　せつめいしましょう。
（わかりません）

5. きのう（　　）人に　この　手紙を　送ってください。
（来ませんでした）

6. 今日（　　）物の　中で　これが　一番　高かったです。（買いました）

7. ジョンソンさんが（　　）ホテルを　知っていますか。

　（とまっています）

8. これは　パンを（　　）どうぐです。（やきます）

9. 今日　お金を（　　）人は　こちらで（　　）ください。（払います、
払います）

10. これは　つまが（　　）ネクタイです。（えらびました）

VI Look at the picture and answer the questions.

1. いすに　すわっている　人は　だれですか。

2. めがねを　かけている　人は　だれですか。

3. セーターを　着ている　人は　だれですか。

4. かさを　持っている　人は　だれですか。

5. 立っている　人は　だれですか。

スミスさん　　スミスさんの　おくさん　　たなかさん

V Answer the following questions.

1. あなたが　住んでいる　所は　どこですか。

　そこは　どんな　町ですか。

2. あなたの　好きな　りょうりは　何ですか。

3. あなたが　見た　映画の　中で　何が　一番　おもしろかったですか。

4. 今まで　旅行に　行った　所の　中で　どこが　一番　すばらしかっ
たですか。

NEW KANJI

1. 私
   わたし
   私 ー 二 千 禾 禾 私 私 (7)
   シ

2. 時間
   ジ カン
   間 丨 冂 冂 冂 冂 門 門 門 門 閂 問 間 (12)
   あいだ

3. 仕事
   シ ごと
   仕 ノ イ イ 仕 仕 (5)

   事 一 一 一 戸 戸 写 写 事 (8)
   ジ

4. 写真
   シャシン
   写 丶 冖 冖 写 写 (5)
   うつ(す)

   真 一 十 广 币 市 市 直 直 真 真 (10)

5. 着く
   つ
   着 丶 丷 丷 半 半 羊 羊 羊 着 着 着 (12)
   チャク・き(る)

6. 出発
   シュッパツ
   発 ㇇ ㇇ ㇇ 癶 癶 癶 癶 発 発 (9)
   ハツ

7. 母
   はは
   母 ㇄ 乚 母 母 母 (5)
   ボ

8. 父
   ちち
   父 ノ 八 ハ 父 (4)
   フ

9. 立つ
   た
   立 丶 亠 六 立 立 (5)
   リツ

Kanji for recognition:　成田空港
　　　　　　　　　　なりた クウコウ

LESSON

8

THE O-BON FESTIVAL
お盆
_{ぼん}

Mr. Chang, who's thinking about a trip to Kyoto, asks Mr. Kato for advice.

チャン： 8月の　10日ごろ　京都へ　あそびに　行きたいと
　　　　　思いますが、新幹線と　ひこうきと　どちらが
　　　　　べんりですか。

加藤： 新幹線の　ほうが　べんりだと　思いますよ。
　　　　でも　新幹線の　していけんは　もう　ないと
　　　　思います。ひこうきの　きっぷも　たぶん　売りき
　　　　れでしょう。

チャン： どうしてですか。

加藤： 8月の　中ごろは　お盆で、くにへ　帰る　人が
　　　　おおぜい　います。10日ごろから、この　きせいラ
　　　　ッシュが　始まりますから、旅行は　やめた　ほう
　　　　が　いいですよ。

チャン： 鈴木くんも 10日に 京都の 家に 帰ると 聞き
ましたが・・・。

加藤： ええ、かれは 1か月前に きっぷを 買ったと
言っていました。

チャン： そうですか。じゃ、京都まで 車で どのぐらい
かかりますか。

加藤： 10時間 いじょう かかると 思いますよ。
鈴木くんは 去年は 車で 行きましたが、すごい
じゅうたいだったと 言っていました。

チャン： 日本は 人も 車も 多いですからね。ラッシュの
ない所へ 行きたいですねえ。

加藤： ラッシュの ない 所が ありますよ。

チャン： どこですか。

加藤： どこだと 思いますか。お盆の ころの 東京で
すよ。

チャン： なるほど。

Chang: Around August 10, I think I'd like to take a (pleasure) trip to Kyoto. Which is more convenient, the Shinkansen or a plane?

Kato: I reckon the Shinkansen is more convenient. But then I'm afraid there aren't any more Shinkansen reserved tickets. Plane tickets are probably sold out, too.

Chang: Why is that?

Kato: The O-Bon Festival is around the middle of August. There are hordes of people returning to their home towns. This homecoming rush begins around the tenth. It'd be best to give up your trip.

Chang: I heard Suzuki's going back to his home in Kyoto on the tenth, too.

Kato: Um. He said he bought a ticket a month early.

Chang: Is that so? How long does it take to Kyoto by car?

Kato: I guess it'd take more than ten hours. Suzuki went by car last year and he said the congestion was terrible.

Chang: It's because Japan has a lot of people and cars, wouldn't you say? I'd like to go some place where it's not crowded.
Kato: There is a place without crowds.
Chang: Where's that?
Kato: Where do you think it is? It's Tokyo around O-Bon.
Chang: I see.

❏ Vocabulary

思う	think
していけん	reserved ticket
してい	appointment, designation, specification
けん	ticket
もう〜ない	any/no more, any/no longer
売りきれ	sold out
中ごろ	around the middle
お盆	O-Bon (midsummer festival)
くに	home town, birthplace, country
おおぜい	hordes/lots of people
きせい	homecoming
ラッシュ	rush
やめる	give up, stop
家	house, home
いじょう	more than
じゅうたい	congestion, traffic jam
多い	many, much
なるほど	I see, it's reasonable

GRAMMAR & LESSON OBJECTIVES

• と思う，と聞く，と言う

京都へ　あそびに　行きたいと　思います。(I think)

新幹線の　ほうが　べんりだと　思いますよ。(I reckon)

新幹線の　していけんは　もうないと　思います。(I'm afraid)

鈴木さんも　10日に　京都の　家へ　帰ると　聞きましたが。(I heard)

かれは　1か月前に　きっぷを　買ったと　言っていました。(He said)

鈴木さんは　去年は　車で　行きましたが, すごい　じゅうたいだったと　言っていました。(He said)

...と言う obviously signals quoted material. It should be noted that when a third person's statement is cited, the verb is ...と言っていました or ...と言っています.

ex. 林さんは　京都に　行きたいと　言っていました。

"Hayashi said that he wanted to go to Kyoto."

If the emphasis is on the action of saying, the verb 言う is used in the same way as other verbs, e.g., 鈴木さんは　だれに　言いましたか。"Whom did Mr. Suzuki say (it) to?"
cf. 鈴木さんは　だれに　会いましたか "Whom did Mr. Suzuki meet?" Note that と言いました is found in story-telling style, written or verbal. See Book III, Lesson 12.

A verb tense form in quoted material has no relation to the tense form of the verb ending the sentence, so it may be the same or it may be different. It is also quite common for negation to be expressed in the first, rather than the main verb, and this sometimes contrasts with the pattern in English, as in スミスさんは　あした　来ないと　思います, if this is translated, "I don't think Smith is coming tomorrow."

When the subject is the speaker or the listener in interrogative sentences, ...と　思う is the recommended form to use. If the subject is a third person, ...と　思っている is used exclusively.

As in the examples above, verbs, adjectives, and です after nouns coming at the end of quoted material are in plain forms, as shown in the chart below.

Plain forms which precede と　思います/と　言います.

Verbs

	Present		Past	
	aff.	neg.	aff.	neg.
Reg. I	使う	使わない	使った	使わなかった
Reg. II	いる	いない	いた	いなかった
Irr.	来る	来ない	来た	来なかった
	する	しない	した	しなかった

Adjectives, Noun + です

	Present		Past	
	aff.	neg.	aff.	neg.
い adj.	赤い	赤くない	赤かった	赤くなかった
な adj.	静かだ	静か では/じゃ ない	静か だった	静か では/じゃ なかった
N＋です	N だ	N では/じゃ ない	N だった	N では/じゃ なかった

- でしょう

  ひこうきの　きっぷも　たぶん　売りきれでしょう。

でしょう, seen in Lessons 2 and 3 as a way to soften a direct question, may indicate conjecture or probability, or what the speaker believes to be true. Words coming before でしょう are in a plain form and in the case of な adjectives, でしょう comes directly after the stem, just as it directly follows nouns.

ex. 1. あの　こうえんは　静かです → あの　こうえんは　静かでしょう

  "That park is probably quiet."

2. かれは　べんごしです → かれは　べんごしでしょう "He's a lawyer, I suppose."

3. チャンさんは　まだ　小川さんに　話していないでしょう。

  "Chang probably hasn't told Ogawa yet."

For fuller connective patterns, see Appendix A.

Since it implies tentativeness, でしょう would sound awkward or irresponsible if it referred to the speaker's own action.

ex. スミスさんは　あした　大阪に　行くでしょう。

However, 私も　あした　大阪に　行くでしょう is awkward.

NOTES

1. お盆 (The O-Bon Festival)

   For this festival on August 13–15 (there are a few local variations on the dates), many companies close down and millions of people desert the big cities. Originating in Buddhist beliefs fused with folk traditions, it celebrates the return of ancestral spirits to their birthplaces for a three-day visit and is, together with the New Year's holidays, a major event among the literally hundreds of annual festivals. Secularized to some extent in recent times, O-Bon is an occasion for family reunions, and the highlights are the **Bon Odori**, "Bon Dance," **O-haka-mairi**, "visits to (ancestral) graves," and the lighting of fires and lanterns to welcome and send off the spirits of the dead.

2. していけんは　もう　ないと　思います。

   The usage of もう, "already," もう　ない, "not any more/longer," and まだ, "yet, still," need not be confusing. Study the following examples.

   *ex.*1. **Q:**　まだ　きっぷは　ありますか。 "Do (you) still have tickets?"

   Aa:　はい、まだ　あります。 "Yes, there are still (some available)."

   An:　いいえ、もう　ありません。 "No, there aren't any more."

   2. **Q:**　かれは　もう　出かけましたか。 "Has he gone out already?"

   Aa:　はい、もう　出かけました。 "Yes, he's already gone out."

   An:　いいえ、まだ　出かけていません。まだ　家に　います。

   "No, he hasn't left yet. He's still at home."

As shown in Book I (p. 84), もう can also mean simply "more," i.e., もう　1まい　きっぷを　ください "Give me one more ticket, please."

3. どこだと　思いますか。

Expressions similar to this one are:

1. なぜだと　思いますか。 "Why is it, do you think?"

2. だれが　そう　言ったと　思いますか。 "(Can) you guess who said so?"

PRACTICE

❏ **KEY SENTENCES**

1. あしたは　ストですから、電車も　バスも　動かないと　思います。
2. 木村さんは　札幌を　知っていると　言っていました。
3. あしたは　たぶん　雨でしょう。

1. There's a strike tomorrow, so I expect trains and buses won't be running.
2. Kimura said he knows Sapporo.
3. Tomorrow will probably be rain(y).

❏ **Vocabulary**

スト	strike
動く	run, move, operate
たぶん	probably, perhaps
雨	rain

EXERCISES

Make dialogues by changing the underlined parts as in the examples given.

A. *ex.* **Q**: 新しい　プロジェクトを　どう　思いますか。

    A: <u>たいへんだ</u>と　思います。

      1. むずかしいです　　4. たいくつです

      2. おもしろいです　　5. リサーチが　ひつようです

      3. つまらないです　　6. むずかしい　仕事です

B. *ex.* **Q**: <u>田中さんは 来ますか</u>。

Aa: はい、<u>来る</u>と 思います。

An: いいえ、<u>来ない</u>と 思います。

1. この 仕事は あしたまでに できます

2. にもつは 今日中に 着きます

3. しゅしょうは この ニュースを もう 知っています

4. 田中さんは 子どもが あります

C. *ex.* **Q**: <u>田中さんは もう 帰りましたか</u>。

Aa: ええ、もう <u>帰った</u>と 思います。

An: いいえ、まだ <u>帰っていない</u>と 思います。

1. しゅうかいは もう 始まりました

2. だいじんは この ニュースを もう 聞きました

3. 田中さんは おきゃくさんに もう 会いました

4. 研究しりょうは もう まとまりました

D. *ex.* **Q**: なつ休みに 何を しますか。

A: <u>北海道へ あそびに 行き</u>たいと 思います。

1. 本を たくさん 読む

2. すいえいを 習う

3. にわの 手入れを する

4. 九州の 友だちを たずねる

E. *ex.* **Q**: あの 人の <u>じむしょの ある 所</u>を 知っていますか。

A: <u>けいさつの となり</u>だと 思います。

1. おくに、あたたかい 所です

2. そつぎょうした 大学、日本の 大学では ありません

3. 試験の けっか、あまり よくありませんでした

4. わかい ころの 仕事、かんごふさんでした

F. *ex.* **Q:** <u>鈴木</u>さんは　何と　言っていましたか。

A: <u>鈴木</u>さんは　<u>きのうは　どこにも　行かなかった</u>と

言っていました。

1. リンダ、さくらは　とても　きれいでした

2. ブラウン、あの　ミュージカルは　あまり

おもしろくありませんでした

3. スミス、あした　かいぎに　出たくないです

4. 山田、あまり　スポーツを　する　時間が　ありません

G. *ex.* **Q:** <u>あしたの　天気</u>は　どうでしょうか。

A: たぶん　<u>雨</u>でしょうね。

1. あの　店、高いです

2. あの　しばい、おもしろくないです

3. 日曜日の　こうえん、にぎやかです

4. これ、てきとうじゃ　ないです

5. あしたの　天気、ゆきが　ふります

6. 田中さん、来る　ことが　できません

7. チャンさんの　かぜ、よく　なりました

❏ **Vocabulary**

たいくつ（な）	boring
リサーチ	research
ひつよう（な）	necessary
しゅしょう	prime minister
しゅうかい	gathering, assembly
だいじん	minister (of state)
おきゃくさん	client, guest, visitor
研究	research, study
まとまる	be brought together, be in order

すいえい	swimming
手入れ てい	care, trimming, mending
となり	next, neighboring
そつぎょうする	graduate
そつぎょう	graduation
けっか	result
かんごふ（さん）	nurse
ミュージカル	musical
出る で	attend
しばい	play
てきとう（な）	suitable, appropriate

SHORT DIALOGUES

1. ブラウン： 　新幹線の　ざせきしていけんは　どこで　売っていますか。
　　　　　　　しんかんせん　　　　　　　　　　　　　　　う

　つうこう人：　あそこの　みどりの　まど口で　売っています。
　　　　　にん　　　　　　　　　　　ぐち

　ブラウン： 　京都まで　大人　2まい　子ども　1まい　お願いします。
　　　　　　　きょうと　おとな　　　こ　　　　　　　ねが

Brown: 　　　　Where are Shinkansen reserved seat tickets sold?
Passerby: 　　(They're) sold at the Green (Ticket) Window over there.
Brown: 　　　　I'd like two adult tickets and one child's to Kyoto.

みどりのまど口

2. A: 　10時30分発　長野行きの　特急は　何番線から　出ますか。
　　　　　じ　ぶんはつ　ながの　い　とっきゅう　なんばんせん　　で

　B: 　8番線です。

A: 　　What (number) track does the 10:30 express going to Nagano depart from?
B: 　　It's track number eight.

❏ Vocabulary

ざせき	seat
つうこう人 にん	passerby
みどりの　まど口 ぐち	Green (Ticket) Window (for reserved seat and express tickets)
みどり	green
まど口 ぐち	window, clerk
大人 おとな	adult
～発 はつ	departure
長野 ながの	Nagano (city)
～行き い	bound for
特急 とっきゅう	special/limited express
～番線 ばんせん	(counter for tracks)

QUIZ

I Read this lesson's Opening Dialogue and answer the following questions.

1. チャンさんは　8月の　10日ごろ　どこへ　あそびに　行きたいと
   思っていますか。

2. お盆の　ころは　どうして　早く　ひこうきや　新幹線の　きっぷ
   が　売りきれに　なりますか。

3. 鈴木さんは　去年　車で　くにへ　帰りましたか、新幹線で　帰りま
   したか。

4. お盆の　ころの　東京には　ラッシュが　ないと　だれが　言いま
   したか。

5. あなたは　チャンさんが　8月10日に　京都へ　行くと
   思いますか、行かないと　思いますか。

II Put the appropriate particles in the parentheses.

1. ８番の　バスは　銀座（　　）とおる（　　）思います。

2. スミスさんは　その　仕事（　　）小川さん（　　）たのんだ（　　）
言っていました。

3. ねつが　あります（　　）、のども　いたいです（　　）、かぜだ（　　）
思います。

4. かれも　８月10日（　　）大阪（　　）うち（　　）帰る（　　）
言っていました。

III Complete the questions so that they fit the answers. (Use a question word.)

1. 鈴木くんと　木村くんと（　　）が　わかいですか。
木村くんの　ほうが　わかいと　思います。

2. リンダさんは（　　）日本に　来るでしょうか。
たぶん　来年　来るでしょう。

3. かれは（　　）と　言っていましたか。
あしたは　つごうが　わるいと　言っていました。

4. この　えを（　　）思いますか。
なかなか　すばらしいと　思います。

5. あなたは（　　）行きませんか。
あついですし、人が　多いですし、行きたく　ありません。

IV Complete the sentences with the appropriate form of the verbs indicated.

1. かれは　きのう　大使館へ（　　）と　思います。（行きませんでした）

2. 鈴木さんは　あした（　　）と　言っていました。（来ません）

3. 加藤さんは（　　）と　だれが　言っていましたか。（元気でした）

4. かれは　ジョンソンさんに　会った　ことが（　　）と　言っていま
した。（ありません）

5. きのうの　映画は（　　）と　みんな　言っていました。
（おもしろくなかったです）

6. あの　人は　ブラウンさんの　（　　）と　思います。
　　（おくさんでは　ありません）

7. あしたは　たぶん　雨が　（　　）でしょう。（ふりません）

8. かいぎは　まだ　（　　）と　思います。（終わっていません）

V Answer the following questions.

1. あしたは　いい　天気でしょうか。

2. あなたは　いつから　日本語を　習っていますか。

3. 日本語の　勉強は　おもしろいと　思いますか。

4. あなたは　なつ休みに　どこか　旅行に　行きますか。

NEW KANJI

1. 思う
　思　丶　口　四　田　田　甲　甲　思　思　思 (9)
　シ

2. 売りきれ
　売　一　十　±　声　声　声　売 (7)
　バイ

3. 家
　家　丶　宀　宀　宀　宇　宇　家　家　家 (10)
　カ

4. 聞く
　聞　丨　Ｆ　Ｆ　Ｆ　Ｐ　門　門　門　門　門　門　門　聞　聞 (14)
　ブン

5. 買う
　買　丶　冂　冂　冂　四　罒　罒　胃　胃　冒　買　買 (12)
　バイ

6. 言う
　言　丶　一　二　言　言　言　言 (7)
　ゲン

7. 去年
　去　一　十　土　去　去 (5)
　キョ　ネン

8. 多い
おお

多　ノ　ク　タ　多　多 (6)

9. 研究
ケンキュウ
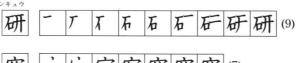
研　一　ァ　ィ　石　石　石　矸　研 (9)

究　丶　宀　宀　宛　究 (7)

10. 天気
テンキ
天　一　二　チ　天 (4)

LESSON

9

PREP SCHOOL
予備校
よ　び こう

When going to the Tanakas' house, Mr. Johnson meets their daughter, Keiko, on her way out.

けい子：　　　あら、ジョンソンさん。

ジョンソン：　あ、けい子さん、お出かけですか。

けい子：　　　ええ、これから　出かけなければ　なりません。

ジョンソン：　今　すぐですか。

けい子：　　　ごめんなさい。今日中に　よび校の　申し込みを
　　　　　　　しなければ　なりませんから。

ジョンソン：　よび校？

けい子：　　　ええ。一番　入りたかった　大学に　ごうかくで
　　　　　　　きませんでしたから、来年　また　試験を　受け
　　　　　　　ます。

ジョンソン：　そうですか。じゃ、行ってらっしゃい。

けい子：　　　行ってまいります。

At the prep school.

けい子：　　　申し込みの　しょるいは　これで　いいですか。

これ、入学金と　3か月分の　じゅぎょう料です。

それから　サマーコースも　申し込みたいと

思いますが、後で　ゆうびんで　申し込んでは

いけませんか。

まど口の人：　ゆうびんでも　いいですよ。支払いも　わざわざ

ここまで　来なくても　いいですよ。銀行に

ふりこんでください。

けい子：　　　げんきんかきとめでも　いいですか。

まど口の人：　はい、どちらでも　けっこうです。

Keiko:	Oh, Mr. Johnson.
Johnson:	Ah, Keiko, are you going out?
Keiko:	Yes, I have to (go out).
Johnson:	(Do you have to leave) right now?
Keiko:	Sorry, (yes). I have to register at a prep school today.
Johnson:	Prep school?
Keiko:	Yes. I didn't pass the exam for the university I wanted to attend, so I'll take the exams again next year.
Johnson:	Well, well. Good-bye.
Keiko:	Bye-bye.
Keiko:	Are (my) application papers all right (like) this? This is the entrance fee and (here's) three months' tuition. I think I'd like to register for the summer course, too. Can't I register later by mail?
Clerk:	Yes, mail is OK. As for payment, you don't have to go to the trouble of coming (all the way) here. Please transfer (it) to our bank.
Keiko:	Is sending it by registered-cash mail all right?
Clerk:	Yes, either will be fine.

❏ Vocabulary

けい子	female given name
あら	Oh! (women's speech)
～なければ ならない	must
ごめんなさい	I'm sorry, Excuse me
よび校	preparatory school
ごうかくする	pass (an examination), succeed
ごうかく	success, eligibility
受ける	take (an examination), receive, undergo, have
いってらっしゃい	good-bye
いってまいります	good-bye
入学金	entrance/matriculation fee
入学	matriculation
３か月分	3 months' (worth)
～分	portion, share
じゅぎょう料	tuition
じゅぎょう	instruction, lesson
～料	fee, charge
サマーコース	summer course
後で	later, afterward
ゆうびん	mail
～ては いけない	must not
でも いい	is all right
支払い	payment
わざわざ～する	go to the trouble of
わざわざ	especially
～なくても いい	don't have to
ふりこむ	transfer
げんきんかきとめ	registered mail (for cash)
かきとめ	registered mail
どちらでも	either
けっこう（な）	fine

● **Obligations, orders, prohibitions, and permission**

これから　出かけなければ　なりません。

今日中に　申し込みを　しなければなりません。

なければ (made from the ない form) なりません, basically a pattern expressing obligation, may be used in making excuses, as here. As an order—"you must"—it sounds harsh and willful (not the kind of thing heard in polite circles). On the other hand, the tone is fairly neutral if it reflects conditions beyond the speaker's or listener's control.

ex. 今日は　バスも　地下鉄も　ストですから、車で　行かなければ　なりませんよ。
"Since both buses and subways are on strike today, (you'll) have to go by car."
Sentences ending with ては　いけません, "must not," have an imperative tone.

ex. 今　出ては　いけません。 "You mustn't leave now."

　　後で　ゆうびんで　申し込んでは　いけませんか。

This pattern and なければ　なりませんか (with the particle か at the end) are freely used in asking questions. With almost the same meaning as ても　いいです か (Book I, p. 142), ては　いけませんか can be a way of asking permission. The pattern なければなりませんか means "Must you . . . ?" or "Must I . . . ?"

ゆうびんでも　いい です。

げんきんかきとめでも　いいですか。

Noun plus でも　いいです or でも　いいですか is similarly used to give or ask permission. One meaning of でも being "even," the sense of でも　いいです is that it's all right even if X happens or a certain condition exists.

ここまで　来なくても　いいです。

By using this negative verb form, this pattern says it is OK not to do something.

NOTES

1. お出かけですか。

   This common expression is formed with お plus the ます stem and です. It is used in its literal sense here but may occur simply as a greeting not particularly requiring an answer.

2. 行ってらっしゃい, 行ってまいります
   ただいま,　お帰りなさい

   行ってらっしゃい is said to a person who will return to the place he or she is leaving, so it may be heard in offices and other places as well as homes. The person who leaves generally replies with 行って まいります/行って きます. The expressions used when the person returns are ただいま and お帰り なさい, as given in the Short Dialogues in this lesson and on p. xvi of Book I.

3. よび校

Students attend よび校, "prep schools," to prepare for college entrance examinations.

The ratio of applicants to openings, especially at the top schools, is quite high and aspirants may take entrance exams for two or more years before meeting with success. Good prep schools may also have more applicants than openings, which explains why Keiko wants to apply early for the summer course.

4. これ、入学金と　3か月分の　じゅぎょう料です。

Note the absence of a particle after これ. This actually draws attention to the subject and here is like saying, "Here is the money for . . ."

5. これで　いいですか。

After a noun or pronoun, asking permission or confirmation is done with で　いいですか, and giving it with で　いいです. (See also Lesson 14.)
. . . で　よくないです cannot be used for refusals, the style of which is apt to vary with the situation.

    ex.   スペルは　これで　いいですか。"Is this spelling right?"

           はい、それで　いいです。"Yes, that's right."

6. わざわざ　ここまで　来なくても　いいですよ。

An adverb meaning "go to the trouble of," わざわざ may express appreciation or reluctance.

    ex.   1. わざわざ　来てくださって、ありがとうございます。

          "Thank you for coming (all this way to see us)."
        2. パレードを　見に　来ませんか。"Wouldn't you like to watch the parade?"

        日曜日に　わざわざ　銀座まで。

        "All the way to the Ginza? On Sunday?" (implying, "No thanks.")

7. どちらでも　けっこうです。

Compared with どちらでも　いいです, this is a little politer.
In questions, どちらでも/これで　いいですか can be used, but どちらでも/これで　けっこうですか cannot.

PRACTICE

❏ **KEY SENTENCES**

1. すぐ　出かけなければ　なりません。

2. あした　学校に　行かなくても　いいです。

3. ゆうびんで　送っては　いけませんか。
   　　　　　おく
4. 申し込みは　ゆうびんでも　いいです。
   もう　こ

1. I must go out now.
2. You don't have to go to school tomorrow.
3. Can't I send it by mail?
4. You can send your application form by mail.

EXERCISES

I Verbs: Review the examples and convert the verbs into the plain negative form.

ex. Reg. I 始まる→始まらない
   　　　　　はじ

Reg. II いる→いない

Irreg. 来る→来ない
   　　　く　　こ

する→しない

1. まとまる	10. たずねる	19. わらう
2. かえる (change)	11. 出発する	20. かたづける
	しゅっぱつ	
3. たのむ	12. ふる	21. えらぶ
4. 知らせる	13. きる (cut)	22. まもる
し		
5. 払う	14. むかえる	23. そつぎょうする
はら		
6. 出す	15. やく	24. かわる
だ		
7. 止まる	16. そうじする	25. いる (need)
と		
8. よぶ	17. やめる	26. かす
9. 出る	18. 買ってくる	27. もらってくる
て	か	

II Practice the following pattern by changing the underlined parts as in the example given.

ex. あのう、ちょっと　<u>大使館に　行か</u>なければ　なりませんから
   　　　　　　　　たいしかん　い

お先に　しつれいします。
　さき

1. 病院へ　行く
   びょういん

2. 6時の 特急に のる
   <ruby>時<rt>じ</rt></ruby> <ruby>特急<rt>とっきゅう</rt></ruby>

3. ビザを もらいに 行く
   <ruby>行<rt>い</rt></ruby>

4. 銀行で お金を おろす
   <ruby>銀行<rt>ぎんこう</rt></ruby> <ruby>金<rt>かね</rt></ruby>

III Make dialogues by changing the underlined parts as in the examples given.

A. *ex.* **Q:** <u>今 お金を 払わ</u>なければ なりませんか。
   <ruby>今<rt>いま</rt></ruby> <ruby>払<rt>はら</rt></ruby>

   Aa: はい、お願いします。
   <ruby>願<rt>ねが</rt></ruby>

   An: いいえ、<u>今 払わ</u>なくても いいです。

   1. 私も 来る
      <ruby>私<rt>わたし</rt></ruby> <ruby>来<rt>く</rt></ruby>

   2. あしたまでに する

   3. 今 申し込む
      <ruby>申<rt>もう</rt></ruby> <ruby>込<rt>こ</rt></ruby>

   4. パスポートを 見せる
      <ruby>見<rt>み</rt></ruby>

   5. 今日中に 知らせる
      <ruby>今<rt>きょう</rt></ruby> <ruby>日<rt>じゅう</rt></ruby> <ruby>知<rt>し</rt></ruby>

B. *ex.* **Q:** <u>名前を 書か</u>なくても いいですか。
   <ruby>名前<rt>なまえ</rt></ruby> <ruby>書<rt>か</rt></ruby>

   Aa: はい、<u>書か</u>なくても いいです。

   An: すみませんが、<u>書いて</u>ください。

   1. スミスさんを むかえに 行く

   2. みなさんに せつめいする

   3. ひしょに 知らせる

   4. コピーを たのむ

C. *ex.* <u>病院で たばこを すって</u>は いけません。
   <ruby>病院<rt>びょういん</rt></ruby>

   1. クラスに おくれる

   2. みちに ごみを すてる

   3. こうさてんに 車を 止める
      <ruby>車<rt>くるま</rt></ruby> <ruby>止<rt>と</rt></ruby>

D. *ex.* **Q:** <u>この 部屋を 使って</u>は いけませんか。
   <ruby>部屋<rt>へや</rt></ruby> <ruby>使<rt>つか</rt></ruby>

   Aa: どうぞ、<u>使って</u>も いいですよ。

An: すみませんが、<u>使わ</u>ないでください。

1. ここで　たばこを　すう

2. 名前を　発表する

3. クーラーを　つける

4. 車で　来る

5. にわで　写真を　とる

E. *ex.* **Q:** 今　<u>はんこ</u>が　ありません。<u>サイン</u>でも　いいですか。

A: はい、<u>サイン</u>でも　けっこうです。

1. ペン、えんぴつ

2. 時間、後

3. ひま、日曜日

4. げんきん、カード

❏ Vocabulary

かわる	change
いる	need
ビザ	visa
おろす	withdraw
パスポート	passport
おくれる	be late
ごみ	rubbish
すてる	throw away
クーラー	air conditioner
はんこ	seal
サイン	signature
えんぴつ	pencil
カード	(credit) card

SHORT DIALOGUES

1. 男の人：　　かんごふさん、おさけを　少し　飲んでは　いけませんか。

　　かんごふ：　　まだ　だめですよ。もう　少し　がまんしてください。

Man:　　May I drink a little sake, Nurse?
Nurse:　No, (you) can't yet. Bear it a little longer.

2. 山田：　　ただいま。

　　渡辺：　　お帰りなさい。中山さんは　いましたか。

　　山田：　　ええ、会って　しょるいを　わたしてきました。

Yamada:　　I'm back!
Watanabe:　Oh, good. Was Ms. Nakayama (there)?
Yamada:　　Yes, I saw her and handed her the documents.

❏ Vocabulary

だめ（な）	not good
がまんする	bear, endure, be patient
ただいま	I'm back!, I'm home!
お帰りなさい	Welcome home!
中山	Japanese surname
わたす	hand (over)

QUIZ

I Read this lesson's Opening Dialogue and answer the following questions.

1. けい子さんは　一番　入りたかった　大学に　ごうかくしましたか。

2. けい子さんは　どこに　行かなければ　なりませんか。

3. けい子さんは　サマーコースの　申し込みに　また　よび校まで
　行かなければ　なりませんか。

4. サマーコースの　支払いは　げんきんかきとめでも　いいですか。

5. けい子さんは　サマーコースの　支払いを　銀行に　ふりこむでしょ
　うか、げんきんかきとめで　送るでしょうか。

II **Put the appropriate particles in the parentheses.**

1. とうふを 小さく きりましたが、これ （　　　） いいですか。

2. うち （　　　） むすこは 今年 大学 （　　　） ごうかくしました。

3. えんぴつ （　　　） 書いては いけませんか。

   ペン （　　　） お願いします。

4. よく 考えて （　　　）、決めます。

5. じゅぎょう料を 銀行 （　　　） ふりこみます。

III **Complete the questions so that they fit the answers.**

1. （　　　） までに 申し込まなければ なりませんか。

   来週中に 申し込んで ください。

2. （　　　） 払わなければ なりませんか。

   5,000円です。

3. （　　　） 大使館へ 行かなければ なりません。

   パスポートが ひつようですから。

4. コーヒーと こうちゃと （　　　） が いいですか。

   どちらでも けっこうです。

5. （　　　） 分の じゅぎょう料ですか。

   6か月分です。

VI **Complete the sentences with the appropriate form of the verbs indicated.**

1. あしたの 朝 5時に （　　　） なければ なりません。（起きる）

2. しょるいを （　　　） は いけませんよ。（わすれる）

3. この 本を 今日中に （　　　） なければ なりません。（読む）

4. 漢字で （　　　） なければ なりませんか。（書く）

5. いつまでに お金を （　　　） なければ なりませんか。

   （払う）

6. ここを （　　　） も いいですか。（かたづける）

   まだ 使いますから、（　　　） なくても いいです。（かたづける）

7. ここは　駐車禁止ですから、車を（　　）は　いけません。（止める）
　　　　　ちゅうしゃきんし　　くるま　　　　　　　　　　　　　　と

V　Answer the following questions.

1. 日本に　いる　外国の　人は　みんな　日本語を　勉強しなければ
　　にほん　　　　がいこく　ひと　　　　　にほんご　　べんきょう
　なりませんか。

2. こうさてんに　車を　止めても　いいですか。

3. デパートでは　げんきんで　払わなくても　いいですか。
　　　　　　　　　　　　　　　はら

4. あなたは　あした　何を　しなければ　なりませんか。
　　　　　　　　　　　なに

NEW KANJI

1. よび校
　　　　コウ
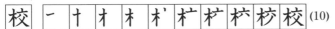

2. 申し込み
　もう　　こ

3. 一番
　　イチバン

4. 入学
　ニュウガク

5. 試験
　シケン

6. 受ける
   う

 (8)
   ジュ

7. 料
   リョウ

 (10)

8. 払う
   はら

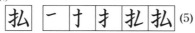 (5)

LESSON
10

LETTER FROM KYUSHU

九州旅行
きゅうしゅうりょこう

田中一郎　様
たなかいちろう　さま

　ごぶさたしていますが、お元気ですか。
げんき

　私は　今　かぞくと　いっしょに　九州に　来ています。きの
わたし　いま　　　　　　　　　　　　きゅうしゅう　き
う、前から　行きたかった　阿蘇山に　行きました。すばらしい
まえ　い　　　　あそさん
ながめでした。

　私たちが　とまっている　旅館の　にわで　夕べ　ほたるを
りょかん　　　　ゆう
見ました。前に　東京の　りょうていで　かごの　中の　ほたる
み　　とうきょう　　　　　　　　なか
を　見た　ことは　ありますが、しぜんの　ほたるは　初めてで
　　　　　　　　　　　　　　　　　　　　　　　　はじ
す。ほたるを　見ながら　旅館の　主人と　話しました。　主人
　　　　　　　　　しゅじん　はな
は　のうやくの　使用を　やめてから、川が　きれいに　なって、
しょう　　　　　　かわ
ほたるが　ふえたと　言っていました。
い

　あさって、私たちは　ここを　出て、熊本市内を　見物した
で　くまもとしない　けんぶつ
後、長崎へ　行きます。長崎は　江戸時代の　日本の　たった
ながさき　　　　　　　えどじだい　にほん
一つの　ぼうえき港で、その　ころは　日本の　中で　一番
ひと　　　こう　　　　　　　　　　　　　いちばん
こくさいてきな　町だったと　ざっしで　読んだ　ことが　あり
まち　　　　　　　　　よ

ます。家内は　日本の　れきしに　きょうみが　ありますから、

とても　楽しみに　しています。

　南九州にも　行きたいと　思いますが、来週　木曜日に

アメリカ本社から　社長が　来ますから、それまでに　東京に

帰らなければ　なりません。

　おくさまにも　どうぞ　よろしく　おつたえください。

7月30日

ジョン・ブラウン

July 30

Dear Mr. (Ichiro) Tanaka,

　It has been a long while since I last wrote you. I hope you are well.

　I've come to Kyushu with my family. Yesterday we went to Mt. Aso, where we've wanted to go from quite some time ago. The view was splendid.

　Last evening, in the garden of the inn we're staying at, we saw fireflies. I once saw fireflies in a cage at a Japanese restaurant in Tokyo, but this was the first time (for me) to see fireflies in their natural setting. While we were watching the fireflies, we chatted to the proprietor of the inn. He told us that after they stopped using agricultural chemicals, the rivers became cleaner and the fireflies proliferated.

　The day after tomorrow we leave here, and after sightseeing in Kumamoto (City), we go to Nagasaki. I once read in a magazine that in the Edo period Nagasaki was Japan's only trading port and at that time it was the most international city in Japan. My wife is interested in Japanese history, so she's looking forward (to going there).

　I'd like to go to southern Kyushu, too, but our president's coming from the U.S. head office Thursday of next week, so I have to get back to Tokyo by then.

Please give my best regards to your wife.

John Brown

❏ Vocabulary

ごぶさたしています	I have been remiss in not writing to you
ごぶさた	remiss (in not writing, not visiting, etc.)
阿蘇山 あそさん	Mt. Aso
ながめ	view
旅館 りょかん	inn
ほたる	firefly
りょうてい	Japanese restaurant, teahouse
かご	cage, basket
しぜん	nature
～ながら	while . . . -ing, at the same time
主人 しゅじん	proprietor
のうやく	agricultural chemicals
使用 しよう	using, use, application
やめる	stop
川 かわ	river, creek, stream
ふえる	proliferate, increase
熊本 くまもと	Kumamoto (city and prefecture)
見物する けんぶつ	sightsee
見物 けんぶつ	sightseeing, visit
長崎 ながさき	Nagasaki (city and prefecture)
江戸時代 えどじだい	Edo period
江戸 えど	Edo (former name of Tokyo)
たった 一つ ひと	one only
たった	only
ぼうえき	trading
～港 こう	port
こくさいてき（な）	international
～てき	- like, resembling (suffix)
～に きょうみがある	be interested in
きょうみ	interest
南 みなみ	south
本社 ほんしゃ	head office, main company
おくさま	(someone else's) wife (polite)
つたえる	give, convey, impart

1. りょうてい

りょうてい are restaurants so exclusive that they accept reservations only from regular customers or through referrals by established patrons. They are typically buildings preserving a traditional, residential style of architecture with gardens, and the waitresses dress in kimono. Decor and atmosphere, traditional and varying with the season, may include such touches as displaying fireflies to heighten the feeling of a summer evening.

2. ほたるを　見ながら　旅館の　主人と　話しました。

This is made with the stem of the ます form and ながら, and then the main clause is added. It is used when the subject of the sentence, always animate, is doing two things at the same time. The primary activity is designated in the main clause.

3. 旅館の　主人と　話しました。

Remember the sentence, 小川さんに　話しましたか in Lesson 5. (Person) と話す can be translated as " to talk with," whereas (person) に話す means "to tell." The nuances of と and に differ in that と suggests mutuality and interactiveness, while with the particle に the feeling is more of one-sidedness.

4. 熊本市内を　見物した　後、長崎へ　行きます。

後 means "after (doing . . .)" and the preceding verb is always in the た form, regardless of the tense of the verb in the main clause.

5. 江戸時代

Having ended over a century of civil unrest in 1600, Ieyasu, the first of the Tokugawa shoguns, then established (in 1603) the military government that stabilized the country and maintained peace until the Meiji Restoration in 1868.

6. こくさいてきな

Adding the suffix てき to nouns makes them な adjectives. Other examples: 女性, "woman, female," 女性てきな, "womanly, effeminate"; でんとう, "tradition," でんとうてきな, "traditional."

7. 長崎は　江戸時代の...一番　こくさいてきな　町だったと　ざっしで　読んだ　ことが　あります。

The particle と here shows the content of what Mr. Brown read in the magazine. It has the same function with such verbs as 話す, "to speak," れんらく する, "to notify," せつめいする, "to explain," and 習う, "to learn."

8. どうぞ　よろしく　おつたえください。

This phrase is conventionally included at the end of personal letters as a kind of wrap-up line.

EXERCISES

Make dialogues by changing the underlined parts as in the example given.

ex. **Q:** 加藤さんは　何を　していますか。
　　　　　か とう　　　　なに

　　A: <u>ラジオを　聞き</u>ながら　<u>新聞を　読ん</u>でいます。
　　　　　　　　き　　　　　　　しんぶん　　よ

　　　1. コーヒーを　飲みます、仕事を　します
　　　　　　　　　　の　　　　　しごと

　　　2. たばこを　すいます、手紙を　書きます
　　　　　　　　　　　　　　てがみ　　か

　　　3. 話を　します、バスを　まちます
　　　　　はなし

　　　4. イヤホーンで　おんがくを　聞きます、勉強します
　　　　　　　　　　　　　　　　き　　　べんきょう

QUIZ

Read this lesson's letter and answer the following questions.

　　1. ブラウンさんは　だれに　手紙を　出しましたか。
　　　　　　　　　　　　　　　　　　だ

　　2. ブラウンさんは　一人で　旅行を　していますか。
　　　　　　　　　　　ひとり　　りょこう

　　3. ブラウンさんが　前から　行きたかった　所は　どこですか。
　　　　　　　　　　　まえ　　い　　　　　　ところ

　　4. ブラウンさんは　阿蘇の　旅館で　初めて　ほたるを　見ましたか。
　　　　　　　　　　　あそ　りょかん　はじ　　　　　　　み

　　5. 旅館の　主人は　どうして　ほたるが　ふえたと　言っていましたか。
　　　　　　しゅじん　　　　　　　　　　　　　い

　　6. ブラウンさんは　どこを　見物してから　東京に　帰りますか。
　　　　　　　　　　　　　けんぶつ　　　とうきょう　かえ

　　7. 江戸時代の　長崎は　どんな　町でしたか。
　　　えどじだい　ながさき　　　まち

　　8. 日本の　れきしに　きょうみが　ある　人は　だれですか。
　　　にほん　　　　　　　　　　　　ひと

　　9. ブラウンさんは　どうして　来週　木曜日までに　東京に
　　　　　　　　　　　　　　らいしゅう　もくようび

　　　帰らなければ　なりませんか。

　10. ブラウンさんは　南九州にも　行くと　思いますか。
　　　　　　　　　みなみきゅうしゅう　　　　おも

1. 元気
   ゲン キ
   元 │ 一 │ 二 │ テ │ 元 (4)
   もと

2. 夕べ
   ゆう
   夕 │ ノ │ ク │ 夕 (3)

3. 東京
   トウキョウ
   東 │ 一 │ 一 │ 一 │ 一 │ 一 │ 車 │ 東 │ 東 (8)
   ひがし

   京 │ 丶 │ 亠 │ 六 │ 古 │ 亡 │ 亨 │ 京 │ 京 (8)

4. 主人
   シュジン
   主 │ 丶 │ 二 │ 十 │ 王 │ 主 (5)
   おも(に)

5. 川
   かわ
   川 │ ノ │ 川 │ 川 (3)
   セン

6. 時代
   ジ ダイ
   代 │ ノ │ イ │ 仁 │ 代 │ 代 (5)
   か(わる)

7. 読む
   よ
   読 │ 丶 │ 二 │ 二 │ 三 │ 言 │ 言 │ 言 │ 計 │ 計 │ 計 │ 読 │ 読 │ 読 (14)
   ドク

8. 楽しみ
   たの
   楽 │ ′ │ ′ │ 白 │ 白 │ 白 │ 泊 │ 泊 │ 泊 │ 楽 │ 楽 │ 楽 │ 楽 (13)
   ラク・ガク

9. 木曜日
   モクヨウ ビ
   曜 │ 丨 │ 冂 │ 月 │ 日 │ 日 │ 旷 │ 旷 │ 暌 │ 暌 │ 暌 │ 暌 │ 暌 │ 暌

   暍 │ 暍 │ 曜 │ 曜 (18)

JOB INTERVIEW
面接
めんせつ

Mr. Hayashi looks over Ms. Nakamura's resume while interviewing her.

林：　　　中村さんは　おととし　大学を　そつぎょうしたん
はやし　　なかむら　　　　　　だいがく
　　　　です か。

中村：　　はい。そつぎょうしてから　商社に　つとめていま
　　　　　　　　　　　　　　　　しょうしゃ
　　　　した。

林：　　　なぜ　やめたんですか。

中村：　　私の　せんもんの　仕事が　できませんでしたから、
わたし　　　　　しごと
　　　　おもしろくなかったんです。

林：　　　どうして　この　会社を　えらんだんですか。
かいしゃ

中村：　　こちらでは　コンピューターを　使う　仕事が　多
つか　　　　　　おお
　　　　いと　聞いたからです。私は　大学で　コンピュー
き
　　　　ターサイエンスを　勉強していました。この　会社
べんきょう
　　　　では　私の　好きな　仕事が　できると　思ったん
す　　　　　　　　　　　　おも
　　　　です。

林：　会社に　入ってから　1か月　けんしゅうしなけれ
ばならない　ことを　知っていますか。

中村：　ええ、知っています。

林：　それに　外国に　出張する　ことも　多いですよ。

中村：　はい、だいじょうぶです。

林：　そうですか。では　けっかは　後で　れんらくします。

Hayashi: You graduated from college the year before last?
Nakamura: Yes. After graduating, I worked for a trading company.
Hayashi: Why did you quit?
Nakamura: (I) couldn't work at my specialty, so it wasn't satisfactory.
Hayashi: Why did you pick this company?
Nakamura: Because I heard that here there's a lot of work using computers. I studied computer science in college. In this company I feel I'd be able to do the kind of work I like.
Hayashi: Are you aware that after joining the company you have to do a one-month training (program)?
Nakamura: Yes, I know (that).
Hayashi: And overseas business trips are frequent.
Nakamura: That's (quite) all right.
Hayashi: Is it? Well, then, (we'll) contact you later regarding the outcome.

❏ Vocabulary

おととし	year before last
〜んです(か)	(*lit.*) "Is it the case that . . . ?"
商社	trading company
なぜ	why
やめる	quit
せんもん	specialty
コンピューター	computer
サイエンス	science
けんしゅうする	study, train
けんしゅう	training (program)
こと	matter, fact
それに	moreover

出張 <small>しゅっちょう</small>	take a business trip
れんらくする	contact
れんらく	contact, communication, connection

GRAMMAR & LESSON OBJECTIVES

• ん です

To understand the usage of . . . ん です, it is best to look at the situation. Since Hayashi has Nakamura's resume in front of him, it is hardly necessary to ask when she finished college. Instead of そつぎょうしましたか, he evokes confirmation and supplemental information with this pattern. Although the sentence ending ん です occurs freely after the plain forms of adjectives and verbs, remember the patterns for nouns and な adjectives are, for example, かいぎなんです and 静かなんです (See Appendix A.) In writing or

more formal speech, の です is the pattern used. (See p. 227.)

The difference between ます and ん です is very subtle, and word-for-word translation of the latter can be difficult. All the following examples have an explanatory or confirmatory function.

ex. 1. (On seeing a coworker in the office with a big suitcase) どこに 行くんですか。

"Well, well where are you off to?"

2. (On seeing snake meat in a grocery store showcase) へびを 食べるんですか。

"Is that snake meat sold for food?"
ええ。"Um."
ほんとうに 食べるんですか。"You mean to say you actually eat it?"

3. かいひを 払ってください。"Would you mind paying the membership fee now,

please?"

あしたでも いいですか。今 お金が ないんです。

"Wouldn't tomorrow be all right? I don't have the money (with me) now."

4. (To a roommate putting on pajamas early in the evening) もう ねるんですか。

"You're going to bed already?"
ええ あしたは 4時に 起きるんです。

"Yes, 4: 00 a.m. is the time I have to get up tomorrow."

Compare this with the situation of simply asking a person what he intends to do:
あした 何時に 起きますか。"What time are you getting up tomorrow?"

6時に 起きます。"I'll get up at 6 o'clock."

1. 大学を　そつぎょうしたんですか。
だいがく

Note that the particle is を, although what comes before を is not strictly speaking a direct object. (See Kana Version I, p. 66, as well as this text, p. 41.) Some other verbs in this category, which are alike in that a place or thing is being left, are 出る, 出発する, and おりる.
で　　しゅっぱつ

2. 1か月　けんしゅうしなければ　ならない　ことを　知っていますか。
げつ　　　　　　　　　　　　　　　　　　　　　　　　　　し

In this case as well, plain forms come before the noun こと. Refer to Lesson 7 regarding noun-modifying patterns.

> *ex.* 　かれが　きのう　この　本を　持ってきた　ことは　ひみつです。
> 　　　　　　　　　　　　　　ほん　　も
>
> "That he brought this book yesterday is a secret."

PRACTICE

❏ KEY SENTENCES

1. あした　かいぎが　ありますから、今　しりょうを　コピーしているんです。
いま

2. ブラウンさんが　九州へ　旅行に　行った　ことを　知っていますか。
きゅうしゅう　りょこう　　い

1. Since there's a meeting tomorrow, I'm copying the material now.
2. Do you know the Browns took a trip to Kyushu?

EXERCISES

I Practice the following patterns.

A. *ex.* 行きます→　　　行くんです　　　行かないんです

　　　　　　　　　　　行ったんです　　　行かなかったんです

1. およぎます	6. 会います	11. 住んでいます
2. 読みます	7. 言います	12. あげます
3. あそびます	8. できます	13. 見ます
4. けします	9. あります	14. 来ます
5. まちます	10. います	15. そうだんします

B. *ex.* 安いです→　　　安いんです　　　安くないんです
やす

　　　　　　　　　　　安かったんです　安くなかったんです

1. おいしいです

2. あぶないです

3. むずかしいです

4. 高いです

5. つめたいです

6. あたまが　いいです

7. つごうが　わるいです

8. 水が　ほしいです

9. 休みたいです

C. *ex.* 好きです→　　　好きなんです　　　好きでは　ないんです

好きだったんです　　好きでは　なかったんです

1. 上手です

2. ひまです

3. べんりです

4. 安全です

5. かいぎです

6. 仕事です

7. 病気です

8. けんしゅうです

II Make dialogues by changing the underlined parts as in the examples given.

A. *ex.* **Q:** あした　ゴルフに　行きませんか。

A: ざんねんですが、<u>ちょっと　あしたは　いそがしいんです</u>。

1. かいぎが　あります

2. 病院に　行かなければ　なりません

3. 友だちと　会う　約束を　しました

4. 国から　母が　来ています

5. あしたから　出張です

6. 家内が　病気です

7. ゴルフは　あまり　好きでは　ありません

8. ちょっと　体の　ぐあいが　よくないです

B. *ex.* **Q:** きのう　パーティーに　来ませんでしたね。

A: ええ、<u>いそがしかった</u>んです。

1. ちょっと　用事が　ありました

2. しょうたいじょうを　もらいませんでした

3. 急に　つごうが　わるく　なりました

4. パーティーが　ある　ことを　知りませんでした

5. 子どもが　病気でした

C. *ex.* **Q:** あした　ストライキが　ある　ことを　知っていますか。

A: そうですか。知りませんでした。

1. 中村さんが　こんやくしました

2. あした　来なくても　いいです

3. ジョーンズさんが　こちらに　来ています

4. 鈴木さんの　お母さまが　なくなりました

D. *ex.* **A:** いつから　ジョギングを　始めましたか。

B: けっこんしてから　始めました。

A: どうして　やめたんですか。

B: けがを　したからです。

1. ピアノ、小学校に　入ります、きょうみが　なくなりました

2. 英会話、大学を　そつぎょうします、いそがしく　なりました

3. 山のぼり、会社に　入ります、子どもが　生まれました

❏ **Vocabulary**

あぶない	dangerous
つめたい	cold, cool, chilled
安全（な）	safe
体の　ぐあい	health (*lit.* "body condition")
体	body, health
ぐあい	condition
しょうたいじょう	invitation card/letter
しょうたい	invitation
～じょう	letter (suffix)

急に きゅう	suddenly
ストライキ	strike
こんやくする	become engaged
こんやく	engagement
ジョーンズ	Jones
お母さま かあ	(someone else's) mother (polite)
なくなる	pass away, be lost/missing, disappear
ピアノ	piano
小学校 しょうがっこう	elementary school
英会話 えいかいわ	spoken English (*lit.* "English conversation")
会話 かいわ	conversation
山のぼり やま	mountain climbing
生まれる う	be born

SHORT DIALOGUES

1. スミス： この 近くの 地図が ほしいんですが、ありますか。
   　　　　　ちか　　ちず
   ホテルの 人： はい、どうぞ。
   　　　　ひと
   スミス： どうも。

   Smith: I'd like a map of this area. Do you have one?
   Hotel Clerk: Here you are.
   Smith: Thank you.

2. きゃく： とけいを 買いたいんですが 何かいですか。
   　　　　　　　　　か　　　　　　なん
   店員： とけいうりばは 6かいでございます。
   てんいん
   Customer: I'd like to buy a watch. What floor is it?
   Store Clerk: The watch counter is (on) the sixth floor.

3. スミス： 大きい バッグですね。
   　　　　　おお
   ブラウン： ええ、テニスの どうぐが 入っているんです。
   　　　　　　　　　　　　　　　はい
   　　　　　テニスを 始めたんですよ。
   　　　　　　　　はじ
   スミス： そうですか。スポーツは 体に いいですね。
   　　　　　　　　　　　　　　からだ
   Smith: What a big bag you have!
   Brown: Yes, my tennis racquet and other things are in it. I've taken up tennis.
   Smith: Really? Sports are good for the health, wouldn't you say?

4. 鈴木：　　　　あした　うちで　バーベキューパーティーを　やるんですが、来ませ
　　　　　　　　ん か。

　　木村：　　　　ざんねんですが、あしたは　ちょっと　約束が　あるんです。

　　鈴木：　　　　そうですか。じゃ　つぎの　きかいには　ぜひ。

Suzuki:　　　Tomorrow I'm having a barbecue party at my house. Won't you come?
Kimura:　　　I'm sorry, but I have another appointment tomorrow.
Suzuki:　　　I see. Well, please come next time, then.

❏ **Vocabulary**

〜でございます	(polite for です)
体に　いい	good for the health
バーベキュー	barbecue
やる	do, give (more colloquial than する, あげる), play
きかい	opportunity, occasion
ぜひ	please

QUIZ

I Read the lesson's Opening Dialogue and answer the following questions.

1. 中村さんは　いつ　大学を　そつぎょうしましたか。

2. 中村さんは　なぜ　前に　つとめていた　商社を　やめましたか。

3. 中村さんの　せんもんは　何ですか。

4. 中村さんは　ABCでは　好きな　仕事が　できると　思っていますか。

5. 1か月　けんしゅうしなければ　ならない　ことを　中村さんは
　　知っていましたか。

II Put the appropriate particles in the parentheses.

1. 中村さんは　商社（　　　）つとめていました。

2. かれは　1965年（　　　）大学（　　　）そつぎょうしました。

3. かれが　べんごし（　　　）なった　こと（　　　）知っていますか。

4. けっかは　後（　　　）れんらくします。

5. どうして　この　会社（　　　）えらんだんですか。

こちらでは　日本語を　使う　仕事（　　）多い（　　）
聞いた（　　）です。

III Complete the questions so that they fit the answers.

1. （　　）パーティーに　来なかったんですか。

   あたまが　いたかったんです。

2. （　　）したんですか。

   手に　けがを　したんです。

3. この　コンピューターは（　　）使うんですか。

   ちょっと　ふくざつですから、渡辺さんに　聞いてください。

4. （　　）を　見ているんですか。

   京都で　とった　写真を　見ているんです。

IV Complete the sentences with the appropriate form of the verbs indicated.

1. 鈴木さんは　いませんか。もう　うちに（　　）んですか。

   ええ、30分ぐらい　前に　帰りましたよ。（帰りました）

2. 小川さんに（　　）んですか。

   ええ、小川さんは　きのう（　　）んです。（知らせませんでした、休
   みでした）

3. どこに（　　）んですか。電話が　ありましたよ。

   どうも　すみません。ちょっと　コーヒーを　飲みに　行っていまし
   た。（行っていました）

4. 何も（　　）んですか。

   ええ、（　　）んです。（食べません、食べたくないです）

5. タクシーで（　　）んですか。

   ええ、時間が　あまり（　　）んです。（出かけます、ありません）

6. 鈴木さんは　休みですか。

   ええ、（　　）んです。（病気です）

7. きのう　あなたが（　　　）ことを　かれにも（　　　）ください。

（言いました、話します）

8. 漢字を（　　　）ことは　むずかしくないです。（おぼえます）

V　Choose a statement appropriate to the situation described.

A. You hear a friend has quit his job and you ask him about it.

1. いつ　会社を　やめるんですか。

2. 会社を　やめては　いけませんか。

3. ほんとうに　会社を　やめたんですか。

B. You see a friend doing something ridiculous.

1. 何を　しているんですか。

2. 何を　しなければ　なりませんか。

3. かれは　何と　言っていますか。

C. You tell a friend that you didn't go to her party because of a headache.

1. とても　あたまが　いたいんです。

2. 急に　あたまが　いたく　なったんです。

3. あたまが　いたかったと　思います。

NEW KANJI

1. 商社
ショウシャ

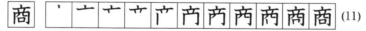 (11)

2. 勉強
ベンキョウ

 (10)

強　つよ(い) (11)

3. 好き
す

好　コウ (6)

4. 外国
   _{ガイコク}

   外 ノ ク タ 列 外 (5)
   _{そと}

   国 丨 冂 冂 冈 囯 国 国 国 (8)
   _{くに}

5. 後
   _{あと}

   後 ノ ク 彳 彳 彳 彳 彳 後 (9)
   _ゴ

6. 高い
   _{たか}

   高 ` 亠 宀 古 古 戸 高 高 高 高 (10)
   _{コウ}

7. 体
   _{からだ}

   体 ノ イ 仁 什 休 休 体 (7)
   _{タイ}

8. 急に
   _{キュウ}

   急 ノ ク ケ 刍 刍 刍 急 急 急 (9)
   _{いそ(ぐ)}

9. 山
   _{やま}

   山 丨 山 山 (3)
   _{サン}

LESSON
12

HOTEL RESERVATIONS
旅館の　予約
りょかん　　よやく

Mr. Smith makes a reservation at an inn in Kyoto by phone.

予約係：　　みやこ旅館でございます。
よやくがかり　　　　りょかん

スミス：　　もしもし、来月の　4日と　5日に　予約を　お願い
　　　　　　　　らいげつ　　か　　　　　　　　　　　　　　ねが
　　　　　　したいんですが、部屋は　あいていますか。
　　　　　　　　　　　　　　へや

予約係：　　はい、ございます。何名さまですか。
　　　　　　　　　　　　　　　　なんめい

スミス：　　二人です。いくらですか。
　　　　　　ふたり

予約係：　　1泊2食つきで、お一人　18,000円でございます。
　　　　　　ぱく　しょく　　　　　ひとり　　　　　えん
　　　　　　ぜい金と　サービス料は　別でございます。
　　　　　　きん　　　　　　りょう　べつ

スミス： はい、じゃ、それで　お願いします。

予約係： お名前と　お電話番号を　どうぞ。

スミス： スミスと　言います。電話番号は　東京03-3405-3636
です。そちらは　京都の　駅から　近いですか。

予約係： 駅から　車で　10分ぐらいです。駅まで　おむかえ
に　行きますが・・・。

スミス： じゃ、駅に　着いた　とき、電話を　しますから、
よろしく　お願いします。

予約係： はい、かしこまりました。ご到着は　何時ごろですか。

スミス： 4時ごろです。

予約係： はい、わかりました。8時より　おそく　なる
ばあいは、かならず　ごれんらくください。

スミス： はい。それで、料金は　いつ　払いましょうか。

予約係： おそれいりますが、内金として　18,000円　お送りく
ださい。

スミス： わかりました。

Reservation
Clerk: (This is the) Miyako Inn.
Smith: Hello, I'd like to make a reservation for the fourth and fifth of next month. Are rooms available (*lit.* "vacant")?
Clerk: Yes, sir. (For) how many people?
Smith: Two. How much is it?
Clerk: Per day, with two meals, is ¥18, 000 per person. Tax and service charge are extra.
Smith: I see. Will you do me the favor, then (of making the reservation)?
Clerk: Your name and phone number, please.
Smith: My name is Smith. The telephone number is Tokyo 03-3405-3636. Are you near Kyoto Station?
Clerk: It's about ten minutes by car from the station. We can come to the station to meet you . . . (if you wish).
Smith: Well, when (we) arrive at the station, I'll call you, so I'd appreciate it if you could.

Clerk:	Certainly, sir. Your arrival will be about what time?	
Smith:	Around four o'clock.	
Clerk:	I see. In case (it's) later than eight o'clock, be sure to call us.	
Smith:	All right. When should I pay the (room) charge?	
Clerk:	Excuse (my asking) but could you please send ¥18, 000 by mail as a deposit?	
Smith:	Yes, of course.	

❏ **Vocabulary**

予約係 よやくがかり	reservation clerk
係／〜係 かかり　　がかり	person in charge
あく	be empty, be vacant, (be) open
ございます	(polite for あります)
〜名（様） めい　さま	(counter for people; polite)
〜泊／泊 はく　ぱく	night (counter)
〜食 しょく	meal (counter)
〜つき	included, attached
ぜい金 きん	tax
サービス料 りょう	service charge
別（な／の） べつ	extra, distinctive
とき	when, while
かしこまりました	certainly
（ご）到着 とうちゃく	arrival
ばあい	(in) case, occasion, circumstance
かならず	be sure to, certainly
それで	and then
料金 りょうきん	charge, fee
おそれいります	excuse me, be sorry
	(polite for すみません)
内金 うちきん	deposit, partial payment
〜として	as, in the capacity of

GRAMMAR & LESSON OBJECTIVES

• **Verb tense**

In the second grammar section in Book I (p. 39), it was pointed out that the two verb tense forms in Japanese are present and past, and with the present form expressing habitual or future action and the past being sometimes past and sometimes present perfect, there is a basis for correspondence with English verb tenses. In complex sentences, however, non-final verbs do not necessarily have the same relation to the main verbs as English verbs do. In translating, preservation of the Japanese tense may require some adjustment in the sentence. Look again at the translation of the dialogue sentence 駅に

着いたとき、電話を しますから、 よろしく お願いします translated as "Once we('ve) arrive(d) at the station, I'll call, so . . ." Think of the underlying meaning as being "Once arrival at the station has become an accomplished fact, a telephone call will be made, so . . ."

Compare the following sentences which differ from each other only in the verb forms in the first clause.

ex. 1. 日本に 来る とき 空港で 買いました。

"While coming to Japan I bought (it) at the airport." (Implicitly meaning an airport outside of Japan.)

2. 日本に 来た とき 空港で 買いました。

"When I came (i.e., having come) to Japan (I) bought (it) at the airport." (Meaning an airport in Japan.)

• **とき and ばあい**

Basically とき is "time" and ばあい is "case," but these nouns are interchangeable at certain times while at other times this is not the case. Keep in mind that (1) if something has actually occurred, ばあい cannot be used; たばあい is used to express a supposed situation, meaning, "Suppose/If . . . has happened . . ." And (2) clues to the intended meaning lie in thinking of time and circumstances or situation in a contrastive way. Some examples:

1. 今朝 私が 起きた とき "When I got up this morning, . . ."
2. 電話で れんらくする とき/ばあい "When contacts are made by phone, . . ."
3. むずかしい とき/ばあい "If it's difficult, . . ."
4. ふべんな とき/ばあい "If it's inconvenient, . . ."
5. 仕事が 休みの とき/ばあい "When (there's) time off (from) work, . . ."
6. 子どもの とき "during childhood"
7. 子どもの ばあい "in the case of children"

NOTES

1. 予約係
よやくがかり

Like many other words, 係 undergoes a phonetic change when compounded with other
かかり

terms. Other examples: はこ becomes 本ばこ, "bookcase"; 日 becomes 日曜日; 話,
ほん　　　　　　　　　　　　　　ひ　　　　　　　　にちようび　はなし

becomes おとぎ話, "fairy tale"; 口, "mouth" or "door," becomes 入口.
ばなし　　　　　　　　　　くち　　　　　　　　　　　　　　いりぐち

2. したいんですが

たいん です is more frequently heard than たいです.

3. 何名様ですか。
なんめいさま

Only people such as restaurant and hotel employees commonly use 何名様 as a polite
なんめいさま

alternative for 何人, but 何名, which is more formal than 何人, is widely used.
なんにん　　なんめい　　　　　　　　　　　　　　なんにん

4. 1泊2食
ぱく　しょく

One night per person with supper and breakfast is the most conspicuous formula for
ryokan charges. It is not common in Western-style hotels, which are more apt to quote
room charge only or room charge plus, optionally, breakfast. There is no general pat-
tern for asking or not asking for a deposit or including or not including tax and service
charge in the quoted room rate.

5. お名前と　お電話番号を　どうぞ。
なまえ　　　でんわばんごう

Sentences like this, ending with どうぞ instead of てください, may be used when the
situation is clear; they suggest the action to be taken. Similarly, この電話を　どうぞ can
でんわ
mean "Please use this phone."

6. スミスと　言います。
い

The literal translation is "I'm called/I call myself Smith." と　申します means the same
もう

but is more humble, hence politer. The pattern is like others introduced previously, と
思う, と　聞く and so on, as in これは　日本語で　何と　言います/言うんですか。
おも　　　き　　　　　　　　　　　にほんご　　なん　　　い　　　い
"What is this called in Japanese?"

7. かしこまりました

More formal than わかりました, this expression, "I understand and will do it," is a stan-
dard one often said by servants, clerks and others when receiving requests, orders or
instructions. It is not appropriate in a classroom or among friends or family members.

8. 内金として
うちきん

として is used as follows:

> ex. 1. かのじょは　ひしょとして　この課で　はたらいています。
> か
>
> "She works in this section as a secretary."
>
> 2. きって代として　200円　払ってください。
> だい　　　　　　えん　はら
>
> "Please pay ¥200 for the postage."　（代 "charge, price"）
> だい

PRACTICE

❑ **KEY SENTENCES**

1. スミスさんは　本を　読む　とき、めがねを　かけます。
2. 駅に　着いた　とき、電話を　します。
3. おそくなる　ばあいは　れんらくします。
4. 私は　スミスと　言います。

1. Smith wears glasses when he reads (books).
2. When I get to the station I'll phone.
3. If it's late I'll contact you.
4. My name is Smith.

EXERCISES

I Make dialogues by changing the underlined parts as in the examples given.

A. *ex.* Q: <u>よく　さんぽしますか。</u>

A: ええ、<u>朝　すずしい</u>　とき、<u>さんぽします</u>。

1. この　薬を　のむ、あたまが　いたい
2. ジョギングを　する、天気が　よくて　さむくない
3. クーラーを　使う、とても　あつい
4. 映画を　見る、ひまな

B. *ex.* Q: <u>子どもの</u>　とき、<u>どこに　住んでいましたか</u>。

A: <u>大阪に　住んでいました</u>。

1. かいぎ、どの　部屋を　使いますか、この　部屋を
2. 学生、どこを　旅行しましたか、ヨーロッパを
3. 試験、何を　持っていきますか、えんぴつと　けしゴムを

C. *ex.* Q: <u>食事を　始める</u>　とき、何と　言いますか。

A: 「<u>いただきます</u>」と　言います。

1. 食事が　終わりました、ごちそうさまでした
2. うちを　出ます、行ってまいります

3. うちに　帰りました、ただいま

かえ

4. 初めて　人に　会いました、初めまして

はじ　　ひと　　あ　　　　　はじ

5. 人と　別れます、さようなら

わか

6. 先に　帰ります、お先に　しつれいします

さき

7. 人に　何か　たのみます、お願いします

なに　　　　　　　　ねが

8. プレゼントを　もらいました、ありがとうございます

II Practice the following pattern by changing the underlined parts as in the examples given.

A. *ex.* <u>新聞を　読む</u>　とき、<u>めがねを　かけます</u>。

しんぶん　よ

  1. 国に　帰る、おみやげを　買います

くに　　　　　　　　　　　か

  2. 会社に　行く、地下鉄を　使います

かいしゃ　い　ちかてつ　つか

  3. みちが　わからない、けいかんに　聞きます

き

  4. 大学を　そつぎょうする、ろんぶんを　書きます

だいがく　　　　　　　　　　　　　　か

B. *ex.* <u>駅に　着いた</u>　とき、<u>電話します</u>。

えき　つ　　　　　　でんわ

  1. つかれた、モーツアルトを　聞きます

  2. そちらに　行った、くわしく　せつめいします

  3. 木曜日に　会った、いっしょに　食事を　しましょう

もくようび　　　　　　　　　　　しょくじ

  4. ねむく　なった、コーヒーを　飲みます

の

C. *ex.* <u>ドイツに　住んでいた</u>　とき、<u>けっこんしました</u>。

す

  1. きのう　食事を　していた、じしんが　ありました

  2. せんそうが　終わった、東京に　いませんでした

お　とうきょう

  3. 社長が　しんだ、(お)そうしきに　おおぜい　人が　来ました

しゃちょう　　　　　　　　　　　　　　　　　　　　き

III Make dialogues by changing the underlined parts as in the examples given.

A. *ex.* **Q:** 週末の　旅行は　どう　しましょうか。

しゅうまつ　りょこう

A: <u>雨の</u>　ばあいは　やめましょう。
あめ

  1. 電車が　ストです
    でんしゃ

  2. 田中さんの　つごうが　わるいです
    た なか

  3. 天気が　よくないです
    てん き

B. *ex.* **Q:** <u>おそく　なる</u>　ばあいは　れんらくしてください。

  A: はい、そうします。

  1. おくれます

  2. 来ません
    き

  3. お金が　たりません
    かね

  4. 予定が　かわりました
    よ てい

  5. 病気に　なりました
    びょうき

C. *ex.* **Q:** Roseは　日本語で　何と　言うんですか。
    に ほん ご　なん　い

  A: ばらと　言います。

  1. ball-point pen、ボールペン

  2. pants、ズボン

  3. contract、けいやく

❏ **Vocabulary**

すずしい	cool
持っていく	take (things)
も	
けしゴム	eraser
いただきます	(phrase used before eating)
ごちそうさまでした	(phrase used after eating)
別れる	part, split up
わか	
さようなら	good-bye
ろんぶん	thesis
（お）みやげ	souvenir
つかれる	get tired
モーツアルト	Mozart

ねむい	sleepy
じしん	earthquake
せんそう	war
(お) そうしき	funeral
たりる	be enough
予定 <small>よてい</small>	plan, schedule
ばら	rose
ボールペン	ball-point pen
ズボン	trousers
けいやく	contract

SHORT DIALOGUES

1. A: ひまな ときは 何を しますか。

   B: ひまな ときですか。そうですねえ、おんがくを 聞いたり しています。

   A: What do you do in your free time?

   B: In my free time? Well, I listen to music and things like that.

2. 渡辺: 日本の せいかつに なれましたか。

   ジョンソン: ええ、少しずつ。

   渡辺: こまった ときは いつでも 言ってください。

   Watanabe: Are (you) getting used to living in Japan?

   Johnson: Well, little by little.

   Watanabe: If (you're at all) inconvenienced, please tell me about it anytime.

3. 木村: あしたの スポーツ大会の ことなんですが、雨が ふった ときは どう しますか。

   鈴木: あさ 6時までに やまない ばあいは 中止です。

   木村: よく わからない ときは どう しますか。

   鈴木: その ばあいは ここに 電話を して たしかめてください。

   Kimura: About tomorrow's athletic meeting, what happens if it rains?

   Suzuki: If it doesn't stop by six in the morning, it'll be called off.

   Kimura: If it's not clear (*lit.* "not understandable"), what should I do?

   Suzuki: In that case, please make sure by phoning here.

❑ Vocabulary

せいかつ	living, life
なれる	get used to
少しずつ	little by little
〜ずつ	(suffix)
こまる	be inconvenienced/troubled/embarrassed
いつでも	any-/sometime
大会	(big) meeting, conference, tournament
やむ	stop
中止	discontinuance, interruption
たしかめる	make sure

QUIZ

I Read this lesson's Opening Dialogue and answer the following questions.

1. スミスさんは　どこに　電話を　しましたか。

2. 旅館の　人は　部屋が　あいていると　言いましたか。

3. みやこ旅館は　駅から　車で　何分ぐらい　かかりますか。

4. スミスさんは　1泊2食の　料金と　何を　払わなければ

   なりませんか。

5. みやこ旅館の　ばあいは　とまる　前に　内金を　払わなければ

   なりませんか。

II Put the appropriate particles in the parentheses.

1. 料金は　お一人　10,000円（　　）ございます。

2. 私は　スミス（　　）言います。

3. 駅（　　）着いた　とき、電話を　します。駅（　　）むかえ（　　）

   来てくれませんか。

4. 6時（　　）おそく　なる　ばあいは、かならず　れんらくしてくだ

   さい。

5. １泊２食つき（　　）一人　15,000円　かかりますが、いいですか。

6. かれは　東京大学の　きょうじゅ（　　）して、日本に　来ています。

7. かいぎ（　　）とき、お茶を　持ってきてください。

III Complete the questions so that they fit the answers.

1. リンダさんは（　　）来たんですか。

　　７時の　ニュースを　聞いている　とき　来ました。

2. これは　日本語で（　　）と　言うんですか。

　　けしゴムと　言います。

3. （　　）旅館に　おそくなると　れんらくしなかったんですか。

　　電話を　する　時間が　なかったんです。

IV Complete the sentences with the appropriate form of the words indicated.

1. 去年　京都に（　　）とき、きれいな　紙の　かさを　買いました。
（行きました）

2. 受付の　人が（　　）ばあいは　電話を　してください。（いません）

3. 朝（　　）とき、雨が（　　）いました。(起きました、ふります)

4. あしたまでに（　　）ばあいは、今日中に　れんらくを（　　）くだ
さい。（できません、します）

5. むすめが（　　）とき、　スミスさんから　スプーンを　もらいまし
た。（生まれました）

6. 来週　こちらに（　　）ばあいは　かならず（　　）ください。
（来ます、知らせます）

7. きのう　昼ごはんを（　　）とき、急に　おなかが（　　）なりまし
た。（食べていました、いたい）

8. 時間が（　　）とき、サンドイッチを　食べます。（ありません）

9. （　　）とき、イギリスを（　　）ことが　あります。（わかい、旅行
します）

10. （　　）とき、本を（　　）だり、子どもと（　　）だりしています。

（ひま、読みます、あそびます）

V Choose the most polite statement appropriate to the situation described.

A. You're at work and you answer the phone.

1. ABCでございます。

2. ABCと言います。

3. ABCです。

B. You tell a client you will show him around when it's convenient for him.

1. ごつごうの　いい　とき、ごあんないください。

2. 時間が　ある　とき、あんないしますよ。

3. ごつごうの　いい　とき、ごあんないします。

C. You call Kato's house and ask if he's at home.

1. 加藤さんに　ごれんらくください。

2. 加藤さんは　いらっしゃいますか。

3. 加藤さんは　いますか。

NEW KANJI

1. 予約係
   ヨ ヤク がかり

2. 旅館
   リョカン

3. 18,000円
エン

 円 丨 冂 冂 円 (4)

4. 別
ベツ

 別 丶 冖 口 号 另 別 別 (7)

わか(れる)

5. 番号
バン ゴウ

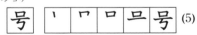 号 丶 冖 口 吕 号 (5)

6. 京都
キョウト

 都 一 十 土 耂 耂 者 者 者' 者阝 都 (11)

7. 駅
エキ

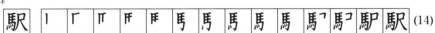 駅 丨 厂 厂 厈 厞 馬 馬 馬 馬 馬' 馬⌐ 駅 駅 (14)

8. 近い
ちか

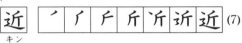 近 丶 彳 斤 斤 斤 近 近 (7)

キン

Kanji for recognition:　1泊2食
　　　　　　　　　　　　　 パク　ショク

　　　　　　　　　到着
　　　　　　　　　トウチャク

A GIFT OF CHOCOLATE
ギリチョコって　何ですか

Mr. Chang hands Mr. Johnson a small box with a card.

チャン：　　　ジョンソンさん、これ、渡辺さんから　ジョンソン
　　　　　　　さんへの　プレゼントですよ。きのう　ジョンソン
　　　　　　　さんが　いなかったので、ぼくが　預かりました。
　　　　　　　カードも　ありますよ。

ジョンソン：どうも　ありがとう。渡辺さんからの　おくり物、
　　　　　　　うれしいですね。

チャン：　　　なかみは　チョコレートでしょう。

ジョンソン：開けたんですか。

チャン：　　　カードは　ラブレターかもしれませんよ。

ジョンソン：えっ、読んだんですか。

チャン：　　　ははは・・・。じつは　ぼくも　同じ　物を　もら
　　　　　　　ったんです。鈴木くんも　もらっただろうと
　　　　　　　思いますよ。

ジョンソン：えっ？　みんな　もらったんですか。

チャン：　　ギリチョコですよ、ギリチョコ。

ジョンソン：ギリチョコって　何ですか。

チャン：　　ぎりの　チョコレートです。日本の　バレンタイン

　　　　　　デーの　しゅうかんです。しょくばでも　よく　女

　　　　　　性から　男性の　じょうしや　どうりょうに　チョ

　　　　　　コレートを　プレゼントします。

ジョンソン：「いつも　お世話に　なっています。これからも

　　　　　　よろしく。まゆみ」やっぱり　ギリチョコでした。

チャン：　　ざんねんでした。

ジョンソン：でも、ギリチョコを　たくさん　もらった　人は

　　　　　　どう　するんでしょうか。

チャン：　　たぶん　おくさんや　ガールフレンドが　食べるん

　　　　　　でしょう。

ジョンソン：じゃ、よろこぶ　人は　女性と　かし屋ですね。

Chang:　　Mr. Johnson, here's a present for you from Ms. Watanabe. Since you weren't (here) yesterday, I took care of it. There's a card, too.
Johnson:　Thank you. A present from Ms. Watanabe, how delightful!
Chang:　　Chocolates inside, I suppose.
Johnson:　You opened it?
Chang:　　Maybe the card is a love letter.
Johnson:　Huh! You read it?
Chang:　　Ha, ha! As a matter of fact, I got the same thing. I think Suzuki got (one) too.
Johnson:　Eh? Did everyone get one?
Chang:　　Well, it's *giri-choko*.
Johnson:　*Giri-choko*? What do you mean?
Chang:　　Chocolate (given) out of a sense of obligation. It's a Japanese Valentine's Day custom. It's a common gift from women to male superiors or coworkers.
Johnson:　"Thank you for your helpfulness and kindness. Please continue to treat me with favor. (From) Mayumi." Just as you said, *giri-choko*.

Chang: Disappointing, isn't it?
Johnson: Um. What does a man who gets a lot of *giri-choko* do?
Chang: Probably his wife or girlfriend (get to) eat it.
Johnson: Well then, the happy people are most likely the women and the confectioners.

❏ **Vocabulary**

プレゼント	present
ので	since, because
預かる	take care of, keep
カード	(greeting) card
おくり物	gift
うれしい	delighted, happy
チョコレート	chocolate
ラブレター	love letter
かもしれません	may be
えっ	Oh, dear! (exclamation of surprise)
ははは	Ha, ha!
じつは	as a matter of fact, in fact, actually
同じ	same
だろう	(plain form of でしょう)
ギリチョコ	*giri* chocolate
ぎり	(sense of) obligation
～って 何ですか	What do you/does it mean?
～って	＝と 言う のは (informal)
バレンタインデー	Valentine's Day
しゅうかん	custom, habit
しょくば	workplace
女性	woman, female
男性	man, male
じょうし	superior
どうりょう	coworker
お世話に なる	be under the care of, be indebted to
世話	help, kindness, care
まゆみ	female given name
やっぱり	(just) as we/you expected
ガールフレンド	girlfriend

よろこぶ	be happy, be pleased
かし屋 や	confectioner, confectionery

GRAMMAR & LESSON OBJECTIVES

- かもしれません, だろうと 思います, **expressing uncertainty**
  おも

カードは ラブレターかもしれません。

鈴木さんも もらった だろうと 思います。
すずき　　　　　　　　　　　　　　　　おも

だろう is a plain form of でしょう, expressing uncertainty, and かもしれません shows even more uncertainty than either of them.

These patterns follow nouns and the stem of な adjectives.

ex. べんりでしょう/だろうと 思います/かもしれません。
　　　　　　　　　　　　おも

They also follow plain past and negative forms. (See Appendix A.) Unlike the other two, かもしれません can be used in referring to one's own actions.

ex. 私も 大阪へ 行くかもしれません。 "I may go to Osaka (myself)."
　　　わたし　おおさか　　い

- ので **expressing reason**

きのう ジョンソンさんが いなかったので, ぼくが 預かりました.
　　　　　　　　　　　　　　　　　　　　　　　　あず

Like から, ので indicates reason or cause but it sounds a bit softer. It follows plain forms. For nouns and な adjectives, な is used, as in べんりなので, 雨なので. (See
　　　　　　　　　　　　　　　　　　　　　　　　　　　　　　あめ

Appendix A.) Recently, ので has come to be used after です and the ます form as well.

NOTES

1. ジョンソンさんへ のプレゼント

どうりょうに/へ チョコレートを プレゼントします。

As seen in these examples, a distinction is made between cases of combining へ or に with の. When a noun is being modified, only への occurs. Besides に, the particles は, が, and を never come before の. (See also Book I, p. 38.)

Other examples of particles combined with の:

ex. 1. 東京での かいぎ "a meeting in Tokyo"
　　　　　とうきょう

2. 大阪までの きっぷ "a ticket to Osaka"
　　おおさか

3. 田中さんからの もらい物 "a present from Tanaka"
　　たなか　　　　　　　もの

2. ぎりチョコ

This term combines, rather humorously, a traditional social relationship and the shortened form of the word チョコレート. Having ぎり "(a sense of) obligation," to one's seniors goes back many centuries. ぎりチョコ is, needless to say, a custom of modern times.

3. ぎりチョコって　何ですか。

The function of って is to draw attention to the meaning. It is the informal equivalent of と言うのは, which is found in Book III, Lesson 8. Johnson's utterance could be translated more directly as, "What's *giri* chocolate?"

4. 「いつも　お世話に　なっています。これからも　よろしく。まゆみ」

The half brackets in this passage signify the beginning (「) and end (」) of a direct quotation.

5. やっぱり

This word, the more formal form of which is やはり, sometimes expresses a feeling akin to déjà-vu and may be translated as "after all," "as I expected" or "as is usually the case."

    ex.　　やっぱり　東京の　ラッシュアワーは　すごいですね。

       "As might be expected, rush hours in Tokyo are awful."

6. ざんねんでした。

Chang is teasing, of course, using a common expression said when there is cause for regret or one finds things not to one's liking.

PRACTICE

❑ KEY SENTENCES

1. ゆきが　たくさん　ふっているから、ひこうきは　とばないかもしれません。
2. 鈴木さんは　リンダさんを　知らないだろうと　思います。
3. ひこうきが　とばないので、旅行に　行く　ことが　できません。

1. It's snowing hard so planes probably aren't flying.
2. I don't think Suzuki knows Linda.
3. Since planes aren't flying, I can't go on (my) trip.

EXERCISES

I Make dialogues by changing the underlined parts as in the examples given.

   A. *ex.*　A: <u>車が　たくさん　止まっています</u>ね。

          B: そうですね。<u>じこ</u>かもしれませんね。

           1. となりの　うちは　にぎやかです、パーティーです

           2. 田中さんが　来ていません、休みです

3. さむく　なりました、あしたは　ゆきです

4. みちが　こんでいます、車より　地下鉄の　ほうが
はやいです

B. *ex.* A: 田中さんは　時間が　あるかもしれませんよ。

B: そうですか。

A: 今日は　ひまだと　言っていましたから。

1. れきしに　きょうみが　あります、奈良や　京都が
好きです

2. 旅行に　行きました、今週は　休みです

3. 今日　会社に　来ません、おくさんが　病気です

4. みんなと　カラオケに　行きませんでした、カラオケは
きらいです

C. *ex.* A: かいぎは　いつですか。

B: あしたの　午前中だろうと　思いますよ。

1. 田中さん、どこ、3かいの　かいぎしつ

2. たんとうしゃ、だれ、鈴木さんか　佐藤さん

3. 試験、何課から　何課まで、1課から　10課まで

4. B社の　新しい　パソコン、いくらぐらい、18万円ぐらい

D. *ex.* A: 北海道は　今　さむいでしょうか。

B: ええ、さむいだろうと　思いますよ。

1. この　きかいの　ほうが　べんりです

2. 山田さんは　会社を　やめます

3. 地下鉄は　もう　すいています

4. 田中さんは　もう　帰りました

E. *ex.* **Q:** 田中さんは　来るでしょうか。

Aa: ええ、たぶん　来るだろうと　思います。

An: たぶん、来ないだろうと　思います。

1. 新しい　ひしょは　スペイン語が　わかります
  あたら　　　　　　　　　　　　ご
2. スミスさんは　私を　知っています
  　　　　　　　わたし　し
3. 駅の　近くの　スーパーで　（お）さけを　売っています
  えき　ちか　　　　　　　　　　　　　　　　う
4. スミスさんは　渡辺さんから　ギリチョコを
  　　　　　　　わたなべ
  もらいました

II Practice the following pattern by changing the underlined parts as in the example given.

ex. <u>さいふを　わすれたので</u>　<u>友だちに　（お）金を　借りました</u>。
  　　　　　　　　　　　　　　とも　　　　　かね　か

1. いそがしいです、デートを　ことわりました

2. やせたいです、スポーツクラブに　入りました
  　　　　　　　　　　　　　　　　はい

3. べんりです、地下鉄で　会社に　行きます
  　　　　　ち　か　てつ　かいしゃ　い

4. きのうは　休みでした、みんなで　ハイキングに　行きました
  　　　　　やす

5. 来月　旅行します、ホテルの　予約を　しました
  らいげつ　りょこう　　　　　　よやく

6. バスも　タクシーも　来ませんでした、駅まで　歩きました
  　　　　　　　　　　き　　　　　　　　　ある

7. むりを　しました、病気に　なりました
  　　　　　　　びょうき

III Make dialogues by changing the underlined parts as in the example given.

ex. A: <u>車で　行きますか</u>。
  　　くるま

B: いいえ、<u>みちが　こんでいる</u>ので・・・。

1. ざんぎょうします、デートが　あります

2. ケーキを　食べます、今　おなかが　いっぱいです
  　　　　　た　　　いま

3. ゴルフを　しますか、好きじゃ　ないです
  　　　　　　　す

4. 新しい　ワープロを　買いました、高かったです
  　　　　　　　　　か　　　たか

IV Practice the following dialogues.

A. Q: これは　渡辺さん<u>から</u>　<u>もらった</u>　おくり物ですか。
  　　　わたなべ　　　　　　　　　もの

  A: はい、渡辺さん<u>からの</u>　おくり物です。

B. Q: これは　田中さんに　出す　手紙ですか。

たなか　　　だ　　　てがみ

A: はい、田中さんへの　手紙です。

C. Q: これは　どこで　起きた　問題ですか。

　　　　　　　　　お　　　もんだい

A: 大阪支社での　問題です。

おおさか　ししゃ

D. Q: これは　どの　会社と　した　けいやくですか。

　　　　　　かいしゃ

A: ABCとの　けいやくです。

❏ **Vocabulary**

じこ	accident
カラオケ	karaoke
きらい（な）	dislike
たんとうしゃ	person in charge
〜しゃ	person (suffix)
パソコン	personal computer
きかい	machine, equipment
スペイン語	Spanish
借りる	borrow, rent
デート	date
ことわる	decline, reject
やせる	lose weight, become thin
入る	join, become a member
いっぱい（の／な）	full
起きる	happen, occur

SHORT DIALOGUES

1. 田中：　あのう、これ、つまらない　物ですが・・・。

　　　　　　　　　　　　　　　　　もの

加藤：　やあ、どうも。えんりょなく　いただきます。

かとう

Tanaka:　Er . . . this is a trifling thing (really, but . . .).

Kato:　　Ah, thank you very much. (*lit.* I accept (it) without hesitation.)

2. A: みそしるって 何ですか。

   B: 日本人が よく 飲む スープです。

   A: What's *miso shiru*?
   B: It's a soup. Japanese often have it.

3. 木村: 東京電気の 田中さんと 約束が ありますので、これで しつれいします。
   加藤: それじゃ、田中さんに よろしく 言ってください。

   Kimura: I have an appointment with Mr. Tanaka of Tokyo Electric, so I have to go now.
   Kato: OK. Please say hello for me.

❏ Vocabulary

つまらない	trifling, worthless
やあ	ah, oh, my (men's speech)
えんりょなく	without hesitation/reserve
えんりょ	reserve, restraint, diffidence
いただく	accept, receive (politer than もらう)

QUIZ

I Read this lesson's Opening Dialogue and answer the following questions.

1. ジョンソンさんが もらった チョコレートは だれからの プレゼントですか。

2. チャンさんも チョコレートと カードを もらいましたか。

3. チャンさんが ジョンソンさんへの プレゼントを 預かった 日は 何の日ですか。

4. ギリチョコを たくさん もらった 男性は 一人で 全部 食べる だろうと チャンさんは 言いましたか。

II Put the appropriate words in the parentheses.

1. ガールフレンド （   ） の プレゼントを 買いに 行きました。

2. 東京 （   ） の せいかつは ほんとうに 楽しかったです。

3. ロンドン（　　）の　にもつが　届きました。

4. いつも　お世話（　　）なっています。これ（　　）も　どうぞ
   よろしく。

5. よび校っ（　　）何ですか。

III Complete the questions so that they fit the answers.

1. きのう（　　）来なかったんですか。

   いそがしかったので、しつれいしました。

2. （　　）を　しているんですか。

   べんごしが　来ないので、まっているんです。

3. 新しい　部長は（　　）人でしょうか。

   あたまが　よくて　まじめな　人だろうと　思いますよ。

4. みそしるって（　　）ですか。

   みその　スープですよ。

IV Complete the sentences with the appropriate form of the words indicated.

1. かれが（　　）ので、安心しました。（元気です）

2. これは（　　）だろうと　思います。（スミスさんの　物では
   ありません）

3. 田中さんは（　　）かもしれませんよ。（病気です）

4. きのうは（　　）ので（　　）だろうと　思いますよ。（まつりでした、
   にぎやかでした）

5. 主人は　たぶん　かさを（　　）だろうと　思います。（持っていきま
   せんでした）

6. この　地下鉄は　銀座を（　　）だろうと　思います。（とおりません）

7. 新聞は　いすの　上に（　　）かもしれません。（おきました）

8. すぐ　新しい　せいかつに（　　）でしょう。（なれます）

9. 電車が（　　）ので、バスで　来ました。（動きませんでした）

10. チョコレートを　もらった　男性は（　　）だろうと　思います。
    （よろこびます）

V Choose a statement appropriate to the situation described.

A. You tell your section chief you have to go to the hospital to see your father.

　1.　父が　病気なので、病院へ　行くかもしれません。

　2.　お父さんが　病気なので、病院へ　行っては　いけませんか。

　3.　父が　病気なので、病院へ　行かなければ　ならないんです

　　　が・・・。

B. You want to know the meaning of the acronym UFO.

　1.　ユーフォーって　何ですか。

　2.　ユーフォーと　言います。

　3.　ユーフォーは　何と　言いますか。

C. You finish working and go out of the office, leaving your section chief behind.

　1.　ごめんなさい、帰ります。

　2.　えんりょなく、さようなら。

　3.　お先に　しつれいします。

NEW KANJI

1. 預かる

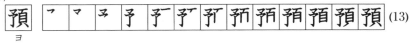 (13)

2. おくり物

 (8)

3. 開ける

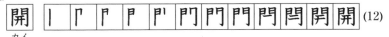 (12)

4. 同じ

 (6)

5. 女性
ジョセイ

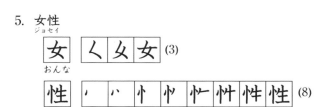

女 おんな

性

6. 男性
ダンセイ

男 おとこ

7. お世話
セ ワ

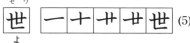

世 よ

8. 食べる
た

食 ショク

9. かし屋
や

屋

10. 止まる
と

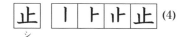

止 シ

LESSON
14

THE REFEREE'S ROLE
行司の　権限
ぎょうじ　　けんげん

On entering the sumo arena, Mr. Smith and Mr. Tanaka first look around for Linda and Mr. Smith's wife.

スミス：　わあ、すごい　人ですね。
　　　　　　　　　　　　ひと

田中：　すもうの　初日は　いつも　まんいんです。
た　なか　　　　　　　しょにち

　　　　　人が　たくさん　いて、リンダさんや　おくさんが

　　　　　よく　見えませんね。
　　　　　　　み

スミス：　あ、あそこに　いました。ほら、すもうを　見なが

　　　　　ら　やき鳥を　食べているのが　見えますよ。
　　　　　　　　とり　　た

田中：　さあ、私たちも　あそこへ　行って、ビールでも
　　　　　　わたし　　　　　　　　　　　い

　　　　　飲みながら　すわって　見ましょう。
　　　　　の

151

スミス： ええ、でも この とりくみが 終わるまで ここ で いいです。うるさくて アナウンスが よく 聞こえませんが、どひょうの 上に いるのは？

田中： 富士の嶺と 桜竜です。

スミス： はでな 着物を 着て、どひょうの 上で 動きま わっているのは どういう 人ですか。

田中： あれは ぎょうじです。

スミス： ああ、ジャッジですね。

田中： ええ、でも 黒い 着物を 着て、どひょうの まわりに すわっているのが ほんとうの ジャッ ジです。あの 人たちは りきしの OBで、えらい んですよ。

スミス： じゃ、ぎょうじは ジャッジでは ないんですか。

田中： ええ、じつは 決定権は ないんです。

スミス： そうですか。ちょっと なっとくできませんね。

田中： でも 発言権は ありますよ。

スミス： それを 聞いて 安心しました。

Smith: Wow! An awful lot of people, aren't there?
Tanaka: It's always full on the first day of a *sumo* tournament. With so many people we aren't going to find Linda and your wife (easily).
Smith: Oh, they're over there. Look! (I see) they're watching the *sumo* and eating *yakitori*.
Tanaka: Well, let's go over there ourselves and while drinking (some) beer (or something), sit down and watch (the bouts).
Smith: Umm, it's just as well (to stay) here until this bout is over. It's noisy and (I) can't hear the announcements very well. (The ones) on the ring are . . . ?
Tanaka: Fujinomine and Sakuraryu.
Smith: (And the one) wearing the gay kimono, moving around the ring, what's his role?
Tanaka: That's the *Gyoji*.

Smith: Ah, he's the referee.

Tanaka: Yes. The ones sitting around the ring wearing black kimono are the real judges.
          They're OBs among the wrestlers; they're quite important men.

Smith: So the referee isn't a judge?

Tanaka: To tell the truth, he doesn't have any power of decision.

Smith: Is that so? That (makes it) a little hard to understand, doesn't it?

Tanaka: He has a right to say (his) views, though.

Smith: That's a relief! (i.e., "Hearing that I feel relieved.")

❏ Vocabulary

わあ	wow, oh
すもう	*sumo* wrestling
初日	first/opening day
いつも	always
まんいん	full (of people)
まん～	full (prefix)
見える	can see, be visible
ほら	Look!, There!
やき鳥	grilled chicken
さあ	come now
～でも	let's say, for example
とりくみ	bout
アナウンス	announcement
聞こえる	can hear, be audible
どひょう	(*sumo*) ring
富士の嶺	ring name of a *sumo* wrestler
桜竜	ring name of a *sumo* wrestler
はで（な）	flashy, gorgeous
着物	kimono
動きまわる	move around
どういう	what kind of
ぎょうじ	referee
ジャッジ	judge
～の まわりに	around
ほんとう（の）	real
りきし	*sumo* wrestler
OB	OB (old boy), alumnus

えらい	important, illustrious, eminent
決定権 <small>けっていけん</small>	decisive say, authority
決定 <small>けってい</small>	decision, conclusion
～権 <small>けん</small>	power, authority, right
なっとく	understanding, consent
発言権 <small>はつげんけん</small>	right to say one's views
発言 <small>はつげん</small>	view, observation, utterance

GRAMMAR & LESSON OBJECTIVES

- **て/で form indicating reason or condition**

人が たくさん いて, リンダさんや おくさんが よく 見えません。

うるさくて アナウンスが よく 聞こえません。

それを 聞いて 安心しました。

In these sentences the words and clauses ending with て give the reason for making the concluding statement. Similarly, as seen in the Exercises in this lesson, な adjectives are used in this way, too.

ex. 木村さんは 車が きらいで、たいてい 会社まで 歩きます。

"Kimura doesn't like cars so he usually walks to the office."

すわって 見ましょう。

はでな 着物を 着て どひょうの 上で 動きまわっているのは...。

In these cases the て form specifies the condition or manner in which an action or activity takes place. As here, the clause refers to the subject of the sentence, whether or not the subject is explicitly stated.

- **の in noun clauses**

やき鳥を 食べているのが 見えますよ。

どひょうの 上で 動きまわっているのは どういう人 ですか。

黒い 着物を 着て, どひょうの まわりに すわっているのが ほんとうの

ジャッジです。

The pattern of clause followed by の plus a particle—は, が, or を—identifies that segment of the sentence as the topic or subject or object of the sentence as a whole. It is called a noun clause and, as in these examples, frequently pinpoints a situation, a person or a thing. Comparable to this is putting の after an adjective for a similar purpose.

ex. 大きいの "a big one"; かんたんなの "a simple one"

Sometimes の is used to represent certain things happening, as in となりの 部屋で

山田さんが 英語を 話しているのが 聞こえます

"I can hear Ms. Yamada speaking English in the next room."

• 見える and 聞こえる

リンダさんや おくさんが 見えませんね。

アナウンスが よく 聞こえません。

The real meanings of these two verbs is that something is within sight or something emits sound. Strictly translated, these sentences would be "Linda and your wife can't be seen." and "The announcements can't be heard well." Note the particle is が (not を).

NOTES

1. すもう is a traditional Japanese sport that is still popular in Japan. Two fighters, or り き し, wrestle in a circle, or どひょう, and the one who throws down his opponent, or pushes or carries him outside the ring, wins. The wrestler who wins the most bouts during the fifteen-day series is the champion of that tournament. The apparel, setting and procedures of すもう are imbued with tradition.

2. さあ、私たちも... すわって 見ましょう。

さ あ at the beginning of a sentence is an attention-getter and suggests and invites action.

3. ビールでも 飲みながら...

ビールを 飲みませんか often sounds brusque. With でも added, the sense is "drink (something), even (if it's only) beer."

4. この とりくみが 終わるまで ここで いいです。

The sense of で いい is "will do," "is satisfactory," "is OK."

   ex.1. 手紙を タイプしましたが、これで いいですか。

   "I typed the letter. Is it all right?"

   2. すみません。コーヒーも ジュースも ありません。

   "Sorry. We have neither coffee nor juice."

   水で いいです。

   "Water's fine."

   cf. 何か 飲みますか。コーヒー？お茶？ "What'll you have to drink? Coffee? Tea?"

   水が いいです。 "I'd prefer water."

5. この とりくみが 終わるまで...

まで, "until," follows not only time expressions but also the dictionary form of verbs.

   ex. きのう 私たちは くらくなるまで テニスを しました。

   "Yesterday we played tennis until it got dark."

6. 富士の嶺, 桜竜
_{ふ じ} _{みね} _{さくらりゅう}

These names mean "Summit of (Mount) Fuji" and "Cherry Dragon." One genre of sumo wrestlers' names evokes things beautiful, noble, fierce, everlasting, or variations on these themes. Other names are taken from rivers, seas or mountains in or near the wrestlers' birthplaces. Still others, wholly or in part, give the wrestler a bond with an admired predecessor.

7. どういう 人ですか。
_{ひと}

Although both どういう and どんな are translated as "what kind of," どういう implies expectation of an answer going beyond simple appearances or obvious qualities.

8. ぎょうじは ジャッジでは ないんですか。

ええ、じつは 決定権は ないんです。
_{けっていけん}

This is an example of answering a negative question with ええ signifying agreement ("Yes, that's right."), whereas the English would be "no." (See Book I, p. 2.)

9. ちょっと なっとくできませんね。

Think of the meaning of なっとく as "consent, agree." A freer translation would be "I'm not convinced," that is, "I can't agree with what you say," here implying "That's strange."

PRACTICE

❏ **KEY SENTENCES**

1. その 話を 聞いて、安心しました。
   _{はなし} _き _{あんしん}
2. 木村さんは 歩いて 会社に 行きます。
   _{き むら} _{ある} _{かいしゃ} _い
3. ジョンソンさんを 成田空港まで むかえに 行ったのは 鈴木さんです。
   _{なり た くうこう} _{すず き}
4. ホテルの まどから 富士山が 見えます。
   _{ふ じ さん} _み

1. When I heard that, I felt relieved.
2. Kimura goes to the company on foot.
3. It was Suzuki who went all the way to Narita Airport to meet Johnson.
4. You can see Mount Fuji from the hotel window.

EXERCISES

I Make dialogues by changing the underlined parts as in the example given.

ex. **Q:** どう したんですか。

　　A: <u>あつくて 飲む</u> ことが できないんです。
　　　　　　　_の

　　　　1. 重い、一人で 持ちます
　　　　　 _{おも} _{ひとり} _も

2. くらい、読みます

3. ふくざつ、せつめいします

4. こんでいます、入ります

5. 林さんが　いません、そうだんします

II Practice the following pattern by changing the underlined parts as in the examples given.

A. *ex.* <u>ニュースを　聞いて</u>　<u>安心しました</u>。

　　1. 母から　手紙を　もらいました、　安心しました

　　2. 夜中に　電話が　ありました、おどろきました

　　3. へんじが　来ません、こまっているんです

　　4. 試験に　おちました、がっかりしました

B. *ex.* <u>走って</u>　<u>いしゃを</u>　<u>よびに　行きました</u>。

　　1. すわる、話しましょう

　　2. いそぐ、しりょうを　あつめてください

　　3. 電話を　する、聞きます

　　4. 地図を　書く、せつめいしました

III Make dialogues by changing the underlined parts as in the examples given.

A. *ex.* **Q:** 毎日　<u>勉強し</u>ていますか。

　　A: ええ、毎日　<u>勉強する</u>のは　<u>たいへん</u>です。

　　　1. 夜　おそくまで　仕事を　します、たいへん

　　　2. 子どもと　あそびます、楽しい

　　　3. 食事を　つくります、めんどう

　　　4. 朝　5時に　起きます、むずかしい

B. *ex.* **Q:** よく、<u>えを　かきます</u>ね。

　　A: ええ、<u>えを　かく</u>のが　好きなんです。

　　　1. 山を　歩きます

2. じょうだんを　言います

3. 旅行を　します

4. 映画を　見ます

C. *ex.* **Q:** 何を　わすれたんですか。

    A: しゅくだいを　持ってくるのを　わすれたんです。

1. 電話します

2. お金を　払います

3. せっけんを　買います

4. 田中さんに　れんらくします

D. *ex.* **Q:** 今日　来るのは　だれですか。

    A: ええと、今日　来るのは　田中さんです。

1. 友だちに　会います、いつ、土曜日

2. パーティーに　来ません、だれ、スミスさん

3. きのう　じこが　ありました、どこ、東京ホテルの　近く

4. スペイン語が　上手です、だれ、林さんの　新しい

    ひしょ

E. *ex.* **Q:** おたくから　富士山が　見えますか。

    A: 天気が　いい　ときは　よく　見えます。

1. うみ

2. 東京タワー

3. とおくの　山

IV Practice the following pattern by changing the underlined parts as in the example given.

ex. こうえんで　子どもたちが　あそんでいるのが　見えます。

1. プール、田中さんが　およいでいます、見えます

2.　スーパーの　前、鈴木さんが　タクシーを　まっています、見えます
3.　どこか、ピアノを　ひいています、聞こえます
4.　となりの　部屋、子どもが　うたを　うたっています、聞こえます

V　Make dialogues by changing the underlined parts as in the examples given.

A. *ex.* **Q:**　昼ごはんを　食べないんですか。

　　　Aa: ええ、食べません。

　　　An: いいえ、食べますよ。

　　　　　1.　時間が　ありません
　　　　　2.　今朝の　新聞を　読みませんでした
　　　　　3.　わすれ物を　とりに　行きませんでした

B. *ex.* **Q:** きのう　いつまで　まっていたんですか。

　　　A: かいぎが　終わるまで　まっていました。

　　　　1. くらく　なります
　　　　2. へんじが　来ます
　　　　3. しりょうが　届きます

❏ **Vocabulary**

夜中	middle of the night, midnight
おどろく	be surprised
へんじ	reply, answer
おちる	fail
がっかりする	be disappointed
はしる	run
あつめる	gather, collect, assemble
めんどう（な）	troublesome, annoying, a nuisance
じょうだんを　言う	crack a joke
じょうだん	joke
しゅくだい	homework
せっけん	soap

ええと	let me see
タワー	tower
とおく	long distance
ひく	play (a musical instrument)

SHORT DIALOGUES

1. 鈴木：　　　もしもし、もしもし、聞こえますか。
   　すずき　　　　　　　　　　　　　　　き
   山川：　　　もしもし、お電話が　とおいんですが、もう　少し　大きい　声で
   　やまかわ　　　　　　　でんわ　　　　　　　　　　　　　すこ　　おお　　　こえ
   　　　　　　　お願いします。
   　　　　　　　　ねが

   鈴木：　　　こちらは　鈴木ですが、聞こえますか。

   山川：　　　あ、聞こえました。鈴木さんですね。

   Suzuki:　　　　Hello, hello—can you hear me?
   Yamakawa:　　Hello. I can't hear (you). Speak a little louder, please.
   Suzuki:　　　　This is Suzuki. Can you hear (now)?
   Yamakawa:　　Ah, I can hear now. It's Mr. Suzuki, isn't it?

2. A：　　しつれいですが、田中さんじゃ　ありませんか。
   　　　　　　　　　　　　たなか
   B：　　はい、田中ですが・・・。

   A:　　Excuse me, but aren't you Mr. Tanaka?
   B:　　Yes, I'm Tanaka.

❏ Vocabulary

電話が　とおい でんわ	I can't hear (you) (*lit.* "[Your voice over] the phone seems far away.")

I Read this lesson's Opening Dialogue and answer the following questions.

1. リンダさんと　田中さんの　おくさんは　すもうを　見ながら　何を
   していますか。

2. うるさくて　アナウンスが　よく　聞こえないと　言ったのは
   だれですか。

3. はでな　着物を　着て　どひょうの　上で　動きまわっているのは
   だれですか。

4. ほんとうの　ジャッジは　どこに　いますか。

II Put the appropriate particles in the parentheses.

1. 天気　（　　　）　いい　とき、富士山　（　　　）　見えます。

2. 私は　手紙　（　　　）　届く　（　　　）　を　まっていました。

3. 夜　おそく　車　（　　　）　おと　（　　　）　聞こえました。

4. 黒い　着物　（　　　）　着ている　（　　　）　は　田中さんの　おくさんです。

5. これは　ほんとう　（　　　）　話です。じょうだんでは　ありません。

III Complete the questions so that they fit the answers.

1. あの　人は　（　　　）　人ですか。

   だいとうりょうの　むすこで、ゆうめいな　ピアニストです。

2. （　　　）まで　ここで　まつんですか。

   かいぎが　終わるまで　まっていてください。

3. （　　　）を　見ているんですか。

   ケーキを　つくっているのを　見ているんです。

4. 3月　3日は　（　　　）　日ですか。

   女の　子の　おまつりの　日で、ともだちを　よんで　パーティーを
   したり　する　日です。

IV Complete the sentences with the appropriate form of the words indicated.

1. ニュースを　（　　　）、おどろきました。（聞きます）

2. 地下鉄の　中で　テープを　（　　）ながら、日本語を　勉強していま
   す。（聞きます）

3. あそこで　（　　）のが　見えますか。

   （　　）て　よく　見えません。（つりを　しています、とおいです）

4. 手紙を　（　　）のを　わすれました。（出します）

5. 時間が　（　　）て　行く　ことが　できません。（ありません）

6. 食事が　（　　）まで　テレビでも　見ましょう。（できます）

7. 話が　（　　）で　よく　わかりません。（ふくざつです）

8. 電話を　（　　）ながら　（　　）のは　あぶないです。

   （します、うんてんします）

V Circle the correct words in the parentheses.

1. あついですね。ビール（や、でも、ごろ）飲みませんか。

   いいですね。

2. 6時までに（かならず、わざわざ、たいてい）れんらくしてください。

3. ごうかくするのは　むずかしいと　思っていましたが、（かならず、や
   っぱり、たぶん）だめでした。

4. あなたは　知らなかったんですか。

   ええ、（ぜひ、それに、じつは）知らなかったんです。

VI Answer the following questions.

1. あなたは　すもうを　見た　ことが　ありますか。

2. あなたの　部屋から　何が　見えますか。

3. 夜　あなたの　部屋に　いる　とき、車の　おとが　聞こえますか。

4. あなたは　山に　のぼるのが　好きですか。

5. 食事を　始める　とき、日本語で　何と　言いますか。

1. やき鳥
とり

チョウ

2. 飲む
の

イン

3. 終わる
お

シュウ

4. 上
うえ
上 | 丨 | 上 | 上 (3)
ジョウ

5. 動く
うご

ドウ

6. 黒い
くろ

黒

7. 決定権
ケッテイケン
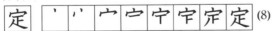
定

8. 安心
アンシン
心 | 丶 | 心 | 心 | 心 (4)
こころ

9. 歩く
ある
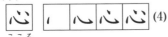
ホ

10. 映画
エイガ

映

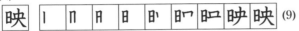
画

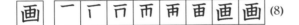

11. 声
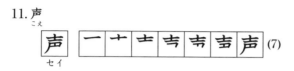

声　一　十　士　声　声　声 (7)
セイ

Kanji for recognition:　決定権
　　　　　　　　　　　　ケッテイケン
　　　　　　　　　　　　発言権
　　　　　　　　　　　　ハツゲンケン

LESSON
15

A FORGOTTEN UMBRELLA
預かり物
<small>あず</small> <small>もの</small>

Mr. Brown takes care of Mr. Yamamoto's umbrella.

ブラウン： きのう スポーツクラブに 行ったら 山本さんに
会いました。

渡辺： 山本さん？ おととい ここに 来た 山本さんで
すか。

ブラウン： ええ、かれも そこの 会員だと 言っていました。

渡辺： あっ そうそう、山本さんが かさを わすれて
帰りましたが、どうしましょうか。

ブラウン： 私が その かさを 預かりましょう。また 会う
かもしれませんから。今度 スポーツクラブへ
行く とき、持っていきます。

渡辺： じゃ これ、お願いします。

ブラウン： 山本さんに 会ったら わたします。もし 会わな
かったら 受付に 預けます。

At the health club.

受付：　　　おはようございます。
うけつけ

ブラウン：　おはようございます。山本太郎さんは　今日　来ま
　　　　　　　　　　　　　　　　　やまもとたろう　　　きょう　き
　　　　　　すか。

受付：　　　会員の　山本様ですね。今日は　山本様は　夕方
　　　　　　かいいん　やまもとさま　　　　　　　　　　ゆうがた
　　　　　　6時に　いらっしゃいます。
　　　　　　じ

ブラウン：　そうですか。これ、山本さんの　かさなんですが、

　　　　　　6時に　来るなら　今　預けても　いいですか。
　　　　　　　　　く　　　　　いま　あず

受付：　　　はい、どうぞ。

ブラウン：　じゃ、かれが　来たら　わたしてください。

受付：　　　はい、たしかに。

Brown:	When I went to the health club yesterday, I ran into Mr. Yamamoto.
Watanabe:	Mr. Yamamoto? The Mr. Yamamoto who came here the day before yesterday?
Brown:	Um. He said he is a member of that club.
Watanabe:	Oh, by the way, he left and forgot his umbrella. What shall (I) do with it?
Brown:	I'll take care of the umbrella. I'll probably meet him again. When I next go to the health club, I'll take it with me.
Watanabe:	Oh, then please take it.
Brown:	If I see Mr. Yamamoto I'll give it to him. If I don't, I'll leave it at the reception desk.
Receptionist:	Good morning.
Brown:	Good morning. Is Mr. Taro Yamamoto coming here today?
Receptionist:	You mean the Mr. Yamamoto who's a member here? He's coming today at six in the evening.
Brown:	Is he? This is his umbrella. If he's coming at six, may (I) leave it here now?
Receptionist:	Yes, of course.
Brown:	When he comes, please give it to him.
Receptionist:	Yes, certainly.

❑ Vocabulary

〜たら	= when, if (for completed action or supposition)
山本 やまもと	Japanese surname
会員 かいいん	club/society member
そうそう	by the way
もし	if
預ける あず	deposit, entrust
太郎 たろう	male given name
〜様 さま	= 〜さん (polite)
いらっしゃいます	(polite form of 来る く)
〜なら	if
たしかに	certainly

GRAMMAR & LESSON OBJECTIVES

● たら

きのう　スポーツクラブに　行ったら　山本さんに　会いました。
　　　　　　　　　　　　　　い　　　　やまもと　　　　　あ

A ... たら basically expresses completed action. たら (かったら, だったら) is combined with verbs, adjectives, and nouns, and means A has been done and B happened. Since B (ました) is unexpected, たら is used here. In sentences like きのう　田中さんが　来た
　　　　　　　　　　　　　　　　　　　　　　　　　　　　　　　　　　　　たなか　　　き
とき, かれに　話しました, "When Tanaka came yesterday, I told him (about it)," とき
　　　　　　　　はな
(not a たら pattern) occurs because the speaker's action of telling Mr. Tanaka something is not an accidental happening. The difference between て and たら should be noted. If Brown had said きのう　スポーツクラブに　行って　山本さんに　会いました
　　　　　　　　　　　　　　　　　　　　　　　　　　　い　　　やまもと　　　　あ
("I went to the health club yesterday and saw Yamamoto"), it would have meant that he had intended to see Yamamoto at the health club. The neutral version, きのうスポーツ
クラブに　行った　とき　山本さんに　会いました, is used to answer the question,
　　　　　い　　　　　　　やまもと　　　　あ
いつ　山本さんに　会いましたか.
　　　やまもと　　　あ

山本さんに　会ったら　わたします。もし　会わなかったら　受付に　預けます。
やまもと　　　あ　　　　　　　　　　　　　あ　　　　　　　　うけつけ　あず

If the time is the future (A ... たら B ... ます/ましょう/てください), this pattern expresses supposition, for nothing in the future is absolutely certain, and thus it can be translated as "if." If the situation is expected to actually happen, "when" is used in translation.

ex. 1. あした　雨が　ふったら, ピクニックは　やめます。
　　　　　　　あめ

"If it rains tomorrow, the picnic will be cancelled."

2. くらくなったら, 花火を　始めましょう。

"We'll begin the fireworks when it gets dark."

Verbs, adjectives and nouns are combined as follows:

	aff.	neg.
行く 見る	行ったら 見たら	行かなかったら 見なかったら
高い	高かったら	高く　なかったら
静かな	静かだったら	静かで／じゃ　なかったら
雨	雨だったら	雨で／じゃ　なかったら

● なら

6時に　来るなら, 今　預けても　いいですか。

Although なら is also used when there its uncertainty, it may be different from たら in some aspects. In this example, Brown has definitely decided to leave the umbrella, assuming Yamamoto is coming to the club. At times either たら or なら is used to mean the same thing. The following two sentences, however, are different.

ex. 1. 加藤さんが　来たら　帰ります。"I'll leave after Kato comes."

2. 加藤さんが　来るなら　帰ります。"If Kato's coming, I'll leave (now)."

Remember the time accordance of the A . . . たら B pattern. The main clause, B, always happens after A has been completed. Other examples where なら and たら are not interchangeable are:

ex. 1. この　本、読むなら　持っていって　いいですよ。

"If you are really going to read this book, you can take it home."

2. 読んだら　かえしてください。"After you have read it, please return it to me."

なら can come after adjectives—安いなら, べんりなら—or nouns, as in 雨なら　かさ を　持っていきましょう。"If it's going to rain, (I'll) take (my) umbrella."

なら implies some assumption of the speaker and cannot be used to relate things that are obvious. 今晩　くらくなるなら . . .,"If it gets dark this evening . . . ," is awkward.

NOTES

私が　その　かさを　預かりましょう。

これ、山本さんの　かさなんですが、6時に　来るなら、今　預けても　いいですか。

As can be seen, both 預かる (Regular I), "to be entrusted and keep for some period,"

and 預ける (Regular II), "to entrust something," take the same object and the same

particle. Be careful not to confuse verbs like these.

Compare 1. ブラウンさんは　渡辺さんから　かさを　預かりました。(*lit.*)

　　　　　　　　　わたなべ　　　　　　　　　あず

"Brown was entrusted with an umbrella by Watanabe."

　　　　2. ブラウンさんは　受付に　かさを　預けました。

　　　　　　　　　　　うけつけ　　　　　あず

"Brown had the receptionist take care of the umbrella."

　　　　3. 受付の　人は　ブラウンさんから　かさを　預かりました。

　　　　うけつけ　ひと　　　　　　　　　　　　　　あず

"The receptionist (was given) an umbrella to take care of by Brown."

PRACTICE

❑ KEY SENTENCES

1. 京都まで　車で　行ったら　10時間　かかりました。
　きょうと　　くるま　い　　　　じかん

2. もし　予定が　かわったら　知らせます。
　　　よてい　　　　　　し

3. ひこうきで　行くなら　早く　きっぷを　買った　ほうが　いいですよ。
　　　　　　　　　　はや　　　　　　　か

1. When we went to Kyoto by car, it took ten hours.
2. If my schedule changes, I'll let you know.
3. If you're going by plane, it's better to buy (your) tickets early.

EXERCISES

I　Practice the following patterns by changing the underlined parts as in the example given.

　ex. スポーツクラブに　行ったら、むかしの　友だちに　会いました
　　　　　　　　　　　　　　　　　　　とも　　　　　あ

　　1.　かどを　まがりました、うみが　見えました
　　　　　　　　　　　　　　　み

　　2.　たんじょう日の　プレゼントを　開けました、かわいい
　　　　　　　　　　　　　　　　あ

　　　　犬が　出てきました
　　　いぬ　て

　　3.　うんどうしました、せなかが　いたく　なりました

　　4.　朝　起きました、ゆきが　ふっていました
　　　あさ　お

　　5.　うちに　帰りました、手紙が　来ていました
　　　　　かえ　　　てがみ　き

II　Make dialogues by changing the underlined parts as in the examples given.

　A. *ex.* Q: かいぎは　いつ　始めますか。
　　　　　　　　　　　　はじ

　　　　　A: 10時に　なったら　すぐ　始めます。
　　　　　　　　　　　　　　　はじ

1. 社長が　来ます
しゃちょう　き

2. 全員が　そろいます
ぜんいん

3. 昼食が　すみます
ちゅうしょく

4. しりょうの　コピーが　できます

B. *ex.* **Q:** <u>ひまが　あったら</u>　どう　しますか。

A: <u>ひまが　あったら</u>　日本中　旅行し<u>たいです</u>。
にほんじゅう　りょこう

1. お金、大きい　うちを　買います
かね　おお　か

2. たくさん　お金、半分　きふします
はんぶん

3. 車、北海道を　回ります
くるま　ほっかいどう　まわ

4. お金と　時間、せかい中の　友だちを　たずねます
じかん　とも

C. *ex.* **Q:** <u>みちが　わからない</u>かもしれませんよ。

A: もし　<u>わからなかったら</u>　<u>こうばんで　聞きます</u>。
き

1. お金が　たりません、友だちに　借ります
か

2. 今日は　かいぎが　ありません、ほかの　仕事を　します
きょう　し　ごと

3. バスが　はしっていません、タクシーで　帰りましょう
かえ

III Practice the following pattern by changing the underlined parts as in the example given.

ex. <u>あつかったら</u>　<u>まどを　開けてください</u>。
あ

1. さむい、ヒーターを　つけても　いいです

2. 高い、買わないでください
たか

3. つごうが　わるい、ほかの　日に　しましょう
ひ

4. 気分が　よくない、休んだ　ほうが　いいですよ
き ぶん　やす

5. つまらない、読まなくても　いいです
よ

IV Make dialogues by changing the underlined parts as in the examples given.

A. *ex.* **Q:** <u>雨だったら</u>　どうしますか。
あめ

A: <u>雨なら</u>　<u>予定を　かえます</u>。
よ てい

1. スト、行きません

2. 田中さんが　るす、また　後で　電話します

3. けっかが　だめ、もう一度　やります

4. 使い方が　ふくざつ、買うのを　やめます

B. ex. A: 昼ごはんを　食べたいんですが。

B: 昼ごはんを　食べるなら　あの　レストランが　いいですよ。

1. スポーツクラブに　入ります、いい　クラブを

　しょうかいしましょう

2. うみに　行きます、私の　車を　使っても　いいですよ

3. テープレコーダーを　買います、小さい　ほうが

　べんりだと　思います

4. 九州に　行きます、フェリーが　いいと　思いますよ

5. ヨーロッパを　旅行します、5月ごろが　きれいで

　いいですよ

❏ Vocabulary

むかし	old, long-time
かわいい	cute
犬	dog
出てくる	come out, appear
うんどうする	exercise
うんどう	exercise
せなか	back
全員	all the staff, all members
そろう	be present, assemble, be/become complete
すむ	be finished
日本中	all over Japan
中	all over, throughout
半分	half

きふする	donate, contribute
きふ	donation, contribution
せかい中 _{じゅう}	all over the world
せかい	world, society, realm
るす	be out/away
しょうかいする	introduce
フェリー	ferry

SHORT DIALOGUES

1. A: この へんに にもつを 預ける 所は ありませんか。
   　　　　　　　　　　　　　　　　　　　　　　あず　　ところ

   B: あそこに コインロッカーが あります。もし いっぱいなら、かいさつ口の
   　　ぐち
   そばにも ありますよ。

   A: Isn't there a place to check baggage around here?
   B: There are pay lockers over there. If (they're) all full, there are some others near the ticket gate.

2. ホワイト: かいぎは なかなか 終わりませんね。
   　　　　　　　　　　　　　　　　　　　　　お

   渡辺: 9時に なったら 終わるでしょう。
   わたなべ

   ホワイト: そうですか。そんなに おそく なるなら お先に しつれいします。
   　　　　　　　　　　　　　　　　　　　　　　　　　　　　　さき

   White: The meeting still isn't over, is it?
   Watanabe: It'll be over by nine, I suppose.
   White: Oh, will it? If it's going on so late, I'm going to leave now.

3. A: 中国語の つうやくを さがしているんですが。
   　　ちゅうごくご

   B: 中国語から 日本語への つうやくですね。
   　　　　　　　にほんご

   A: ええ、だれか いい 人が いたら ぜひ しょうかいしてください。
   　　　　　　　　　　ひと

   A: I'm looking for an interpreter for Chinese.
   B: From Chinese to Japanese?
   A: Yes. If there's anyone good around, please introduce them to me.

❏ Vocabulary

この へん	around here, this vicinity
へん	neighborhood, vicinity
コインロッカー	pay locker
そば	near, beside

そんなに	that much
つうやく	interpreter, translator
さがす	look for

QUIZ

I Read this lesson's Opening Dialogue and answer the following questions.

1. ブラウンさんは 山本さんの わすれた かさを だれから 預かり
   ましたか。

2. ブラウンさんは どこで 山本さんに その かさを わたしたいと
   思っていますか。

3. ブラウンさんは スポーツクラブに 行った とき、山本さんに
   会うことが できましたか。

4. 山本さんは この スポーツクラブの 会員ですか。

II Put the appropriate particles in the parentheses.

1. ブラウンさんは 受付の 人 ( ) にもつ ( ) 預けました。

2. 会員 ( ) 山本様は 今日 夕方 6時 ( ) いらっしゃいます。

3. 山本さんが かさ ( ) わすれて 帰りました。

   じゃ、私 ( ) その かさ ( ) 預かりましょう。スポーツクラ

   ブ ( ) 山本さん ( ) 会ったら、わたします。

4. 昼食 ( ) すんだら、きっぷ ( ) 買い ( ) 行ってください。

III Complete the questions so that they fit the answers.

1. もし 山本さんが 来なかったら、( ) しましょうか。

   手紙で 知らせてください。

2. ( ) ひっこすんですか。

   うちが できたら ひっこします。

3. ( ) に しょうたいじょうを わたしましたか。

   ひしょに わたしました。

4. （　　　） パーティーに　行かないんですか。

パーティーは　たいくつなので　行きたくないんです。

IV Complete the sentences with the appropriate form of the words indicated.

1. ワープロを（　　　）なら、いい　店を　教えましょう。（買います）

2. 全員が（　　　）たら、（　　　）ください。（そろいます、始めます）

3. タクシーに（　　　）たら、気分が（　　　）なりました。（のります、
わるいです）

4. （　　　）なら、映画を（　　　）に　行きませんか。（ひまです、見ます）

5. この　かばんは　使っていません。

（　　　）なら、（　　　）ほうが　いいですよ。（使いません、すてます）

6. （　　　）たら、少し（　　　）ください。（つかれます、休みます）

7. （　　　）たら、ジュースを（　　　）ください。（いそがしくないです、
買ってきます）

8. つくり方が（　　　）なら、（　　　）のを　やめます。（めんどうです、
つくります）

9. あした（　　　）たら、出かけません。（雨です）

10. 京都に（　　　）なら、この　地図を（　　　）ましょう。（行きます、
あげます）

11. にもつが（　　　）ので、（　　　）ください。（重いです、預かります）

V Answer the following questions.

1. さいふを　おとしたら、あなたは　どう　しますか。

2. 1か月　休みが　あったら、何を　しますか。

3. 友だちの　ガールフレンド／ボーイフレンドから　ラブレターを
もらったら　どう　しますか。

NEW KANJI

1. 会員
   カイイン

   員　丶　ㄇ　冖　尸　月　月　月　冒　冐　員　員 (10)

2. 持つ
   も

   持　一　十　才　扌　扩　扩　拦　持　持 (9)
   ジ

3. お願いします
   ねが

   願　一　厂　厂　尸　斤　斤　盾　盾　原　原　原　原　原　願 (19)
   ガン

   願　願　願　願　願 (19)

4. 受付
   うけつけ

   付　ノ　イ　イ　付　付 (5)
   フ

5. 山本様
   やまもとさま

   様　一　十　才　木　木　栏　栏　栏　栏　样　样　様　様 (14)
   ヨウ

6. 朝
   あさ

   朝　一　十　亠　古　古　自　直　卓　卓　朝　朝　朝 (12)
   チョウ

7. 起きる
   お

   起　一　十　土　キ　キ　走　走　起　起　起 (10)
   キ

8. 昼食
   チュウショク

   昼　一　コ　尸　尸　尺　尺　昼　昼　昼 (9)
   ひる

9. 雨
   あめ

   雨　一　冂　冂　帀　雨　雨　雨　雨 (8)
   ウ

10. 小さい
    ちい

    小　亅　亅　小 (3)
    ショウ

LESSON

16

THE NEW SHOWROOM DESIGN
早ければ　早いほど　いいです
<small>はや　　　　はや</small>

Mr. Yamakawa asks Mr. Hayashi on the phone if he likes the new design for the showroom.

山川：　　　もしもし、林部長ですか。こちらは　Mせっけいじ
<small>やまかわ</small>　　　　　　<small>はやしぶちょう</small>

　　　　　　むしょの　山川ですが、ごいらいの　ショールーム

　　　　　　の　せっけいが　できあがりました。

林：　　　　ああ、さっき　ファックスで　図面を　いただきま
<small>はやし</small>　　　　　　　　　　　　　　　　　　　<small>ずめん</small>

　　　　　　した。なかなか　いいですね。

山川：　　　何か　問題は　ありませんか。来週から　工事を
　　　　　　<small>なに</small>　<small>もんだい</small>　　　　　　　　<small>らいしゅう</small>　　<small>こうじ</small>

　　　　　　始めれば、来月中に　できあがります。
　　　　　　<small>はじ</small>　　<small>らいげつちゅう</small>

林：　　　　そうですねえ。

山川：　　　もし　問題が　なければ、さっそく　始めたいと

　　　　　　思いますが・・・。
　　　　　　<small>おも</small>

林：　　　　年末に　なると　ぎょうしゃも　いそがしく　なり
　　　　　　<small>ねんまつ</small>

　　　　　　ますからね。

山川： ええ。早ければ 早いほど いいと 思うんです
が・・・。

林： すみませんが、始める 前に ちょっと そうだん
したい ことが あるんですが・・・。

山川： わかりました。そちらの ごつごうが よければ、
これから うかがいます。

林： できれば そうしてください。6時に なると 表の
入口は 閉まります。はんたいがわに 回ると
うら口が ありますから、そこから 入ってください。

山川： わかりました。

林： うら口は 10時まで 開いています。じゃ、よろし
く お願いします。

Yamakawa: Hello, is this Mr. Hayashi? This is Yamakawa of the M Design Office. We have finished the showroom design you requested.

Hayashi: Ah, yes. We received the blueprint by fax (just) a little while ago. It looks quite good to me.

Yamakawa: Are there any problems? If (we) start construction work next week, it'll be finished by the end of next month.

Hayashi: I see.

Yamakawa: If there are no problems we'd like to start without delay.

Hayashi: As it gets near the end of the year, contractors get (quite) busy, don't they?

Yamakawa: Yes. The earlier the better, I think.

Hayashi: I'm afraid we'd prefer to meet (you) and have one more consultation before (you) start.

Yamakawa: I understand. If you have time, I'll come (over) now.

Hayashi: If you can, please do so. The front entrance is closed at six (*lit.* "when it gets to be six"). If you go around to the opposite side, there's a back entrance. Please come in that way.

Yamakawa: Yes, of course.

Hayashi: The back entrance is open until ten o'clock. I'll be expecting you then. (*lit.* "I request you to [act] properly.")

❏ Vocabulary

せっけい	design, plan
ごいらい	someone else's request, commission
ショールーム	showroom
できあがる	be finished/ready/done
図面	blueprint, plan
いただきました	(polite form of もらいました)
何か	some-/anything, some, any
工事	construction work
～ば／～ければ	= if
さっそく	without delay, directly
年末	end of the year
ぎょうしや	contractor, supplier,
	trader, businessman
～（けれ）ば～ほど	if . . . -er/more/less, (then) . . .
うかがう	visit, ask (polite)
～と	when (particle)
表	front, face, surface
閉まる	be closed
はんたいがわ	opposite side
はんたい	opposite, reverse
～がわ	side
うら口	back entrance
うら	back, reverse (side)
よろしく	properly, well, at one's discretion

GRAMMAR & LESSON OBJECTIVES

● ば/ければ

来週から 工事を 始めれば 来月中に できあがります。
そちらの ごつごうが よければ...

The ば/ければ form is called the conditional form and is made with verbs, the two types of adjectives, and nouns as shown below. Note also the negatives (in which practice is given in the Exercises in this lesson).

		aff.	neg.
verb	思う(Reg. I) 始める(Reg. II) 来る(Irr.) する(Irr.)	思えば 始めれば 来れば すれば	思わなければ 始めなければ 来なければ しなければ
い adj.	早い いい／よい	早ければ よければ	早くなければ よくなければ
な adj.	べんりな	（べんりであれば） べんりなら（ば）／だったら	べんりで／じゃなければ
noun	雨	（雨で あれば） 雨なら（ば）／だったら	雨で／じゃなければ

ならば is found in written Japanese and is a formal way of speaking.

To see the conditional in relation to other forms, refer to the verb table in Appendix B.

- ば... ほど...

早ければ 早いほど いい

This pattern uses the conditional form of an い adjective with the dictionary form of the same adjective plus ほど and leads to a conclusion.

ex. 大きければ 大きいほど いいです。 "The larger the better."

For な adjectives the pattern is 静かなら 静かなほど いいです "The quieter the better."

Essentially the same pattern consists of the conditional form of a verb and the dictionary form of the same verb with ほど coming after it.

ex. 見れば 見るほど ほしく なります。

"The more (I) look at (it), the more (I) want it."

- **Particle と**

6時に なると 表の 入口は 閉まります。
はんたいがわに 回ると うら口が あります。

A clause ending with と followed by a main clause with a present form is a way of saying if or when A happens, B occurs as a natural or habitual result. The sense is often "whenever." Two points to remember are that と comes after the dictionary or plain negative form of a verb, and this pattern is not appropriate for expressing one's own requests, suggestions, intentions, or the granting of permission. Specifically, it is not used in sentences ending in てください、ましょう、ませんか and so on.

ex. 1. たいようが しずむと、くらく なります。 "When the sun sets, it gets dark."

2. この ボタンを おすと、きかいが 動きます。

"If you push this button, the machine will (start) running."

と、たら、なら and ば are in some cases interchangeable, as when they are translated by "if," but there are rules and restrictions in the usage of each word. Please refer to the grammar sections on each one.

1. ぎょうしゃ

This word refers to traders, suppliers, and manufacturers who provide goods and services to larger enterprises and government organizations. It can be compared with とりひき先, which implies a more equal relationship.

2. 年末

The final few days in December have traditionally been regarded as the period for finishing the year's business or settling accounts. This feeling still pervades society, even though the fiscal year for the vast majority of companies now extends from April to March. People do their best to clear up any outstanding problems within the year so that they can relax during the New Year's holidays.

PRACTICE

❏ **KEY SENTENCES**

1. ビールは　ありますか。

　いいえ、ありませんが、さか屋に　電話すれば　すぐ　持ってきます。
2. 春に　なると　さくらの　花が　さきます。
3. 魚は　新しければ　新しいほど　いいです。

1. Is there any beer?
   No. there isn't, but if I call the liquor store they'll bring some over right away.
2. When spring comes, the cherry blossoms come out.
3. As for fish, the fresher the better.

❏ **Vocabulary**

春	spring
さく	blossom, flower

EXERCISES

I　Verbs: Study the examples, convert into the conditional form, and memorize.

ex. 行く→行けば、行かなければ　　食べる→食べれば、食べなければ

来る→来れば、来なければ　　する→すれば、しなければ

1. 洗う
   あら
4. たのむ
7. できる
10. 知らせる
   し

2. 立つ
   た
5. 使う
   つか
8. おりる
11. 持ってくる
   も

3. 売る
   う
6. 歩く
   ある
9. つとめる
12. 電話する
   でんわ

II Practice the following patterns by changing the underlined parts as in the example given.

ex. <u>うちから 駅まで 歩けば</u> <u>30分</u> <u>かかります。</u>
　　　　　　えき　　　　　　ぶん

1. めがねを かけます、 よく 見えます
   　　　　　　　　　　　　　　　み

2. ゆっくり 話します、 わかります
   　　　　　はな

3. 駅に 着く 時間が わかります、 むかえに 行きます
   えき　つ　じかん　　　　　　　　　　　　　い

4. 質問が ありません、 これで 終わります
   しつもん　　　　　　　　　　　お

5. はっきり 言いません、 わかりません
   　　　　　い

6. 会員に なりません、 この プールを 利用する ことが
   かいいん　　　　　　　　　　　　　　りよう
   できません

III Adjectives: Study the example, convert into the conditional form, and memorize.

ex. あつい→あつければ、あつくなければ

1. わるい
4. 重い
   おも
7. つごうが いい

2 おもしろい
5. めずらしい
8. あたまが いたい

3. かたい
6. 少ない
   すく
9. 話したい

IV Practice the following patterns by changing the underlined parts as in the examples given.

A. *ex.* <u>安ければ</u> <u>買います</u>が、<u>高ければ</u> <u>買いません</u>。
　　　　　やす　　　　か　　　　　　たか

1. 新しい、古い
   あたら　ふる
3. いい、わるい

2. おいしい、まずい
4. おもしろい、つまらない

B. *ex.* <u>つごうが わるければ</u> <u>電話を ください</u>。

1. おもしろい、私も 見たいと 思います
   　　　　　　わたし　み　　　おも

2. いそがしい、ほかの 人に たのみます
   　　　　　　　　ひと

3. むずかしい、しなくても　いいですよ

4. いそがしくない、いっしょに　映画に　行きませんか

5. 行きたくない、行かなくても　いいです

V Make dialogues by changing the underlined parts as in the examples given.

A. *ex.* A: スポーツクラブに　入りませんか。

B: <u>駅に　近ければ</u>　入りたいと　思います。

   1. 高くないです

   2. プールが　あります

   3. いい　コーチが　います

   4. こんでいません

   5. ゴルフの　れんしゅうが　できます

   6. 朝　早くから　開いています

B. *ex.* 田中ふじん：　　あなたも　フラワーショーに　行きますか。

スミスふじん：　<u>ひまが　あれば</u>　行きます。

   1. 時間が　あります

   2. 英語の　せつめいが　あります

   3. ベビーシッターが　見つかります

   4. その　日に　ほかの　予定が　ありません

   5. 天気が　わるくないです

   6. おっとの　つごうが　いいです

VI Make dialogues by changing the underlined parts as in the examples given.

A. *ex.* A: <u>仕事は</u>　<u>早ければ</u>　<u>早い</u>ほど　いいですね。

B: ええ、私も　そう　思います。

   1. やちん、安い　　　　　3. ぜい金、少ない

   2. きゅうりょう、多い　　4. 休み、長い

B. *ex.* A: そんなに 買いたいんですか。

B: ええ、見れば 見るほど ほしく なります。

1. テニスが 好き、やる、おもしろい

2. けっこんしたい、会う、好き

3. むずかしい、考える、わからない

VII Practice the following patterns by changing the underlined parts as in the example given.

ex. まっすぐ 行くと ひだりがわに ポストが あります。

1. （お）さけを 飲みます、楽しく なります

2. かいさつ口を 出ます、めの 前に スーパーが あります

3. 佐藤さんは 会社に 着きます、まず コーヒーを 飲みます

4. たばこを たくさん すいます、がんに なりますよ

5. 休みません、病気に なりますよ

VIII Make dialogues by changing the underlined parts as in the example given.

ex. Q: どうすると 開くんですか。

A: ボタンを おすと 開きます。

1. ジュースが 出てきます、お金を 入れます

2. 電気が きえます、ドアを 閉めます

3. まどが 開きます、レバーを ひきます

4. ラジオの おとが 大きく なります、これを 回します

❑ **Vocabulary**

質問	question
はっきり	clearly
利用する	make use of, take advantage of
利用	use
かたい	hard

めずらしい	rare, unusual
少ない	a little, few
まずい	not delicious
早くから	(from) early
ふじん	Mrs., lady, woman
フラワーショー	flower show
ベビーシッター	baby sitter
見つかる	be found, find
おっと	husband
やちん	(house) rent
きゅうりょう	salary
めの 前	right in front of (*lit.* "in front of your eyes")
がん	cancer
ボタン	button
おす	push
入れる	put in
きえる	go out, be extinguished, put out
レバー	lever
ひく	pull
おと	sound
回す	turn

SHORT DIALOGUE

A: たいへん。もう 10時半ですか。ひこうきの 時間に 間にあわないかもしれません。
B: 車で 空港まで 送りましょう。急げば 間にあいますよ。
A: じゃ、ごめいわくでなければ お願いします。

A: Oh dear, it's 10:30 already. It looks like (I'll) be late for the plane.
B: I'll take (you) (*lit.* "send you off") to the airport by car. If (we) hurry, you'll be in time.
A: Thank you. (*lit.* "If it is not too much trouble for you to do so, please do so.")

❏ Vocabulary

たいへん	Oh dear!
間にあう	be in/on time
送る	take, see/send off, escort
ごめいわく	trouble, inconvenience

QUIZ

I Read this lesson's Opening Dialogue and answer the following questions.

1. 山川さんは　林さんに　ファックスで　何を　送りましたか。

2. 山川さんは　来週から　工事を　始めれば　いつ　できあがると

   言いましたか。

3. 林さんの　会社に　何時までに　行けば　表の　入口から　入る

   ことが　できますか。

4. ABCの　うら口は　何時に　なると　閉まりますか。

II Put the appropriate word or word parts in the parentheses.

1. 何（　　）飲み物は　ありませんか。

2. いつまで（　　）払わなければ　なりませんか。

   早けれ（　　）早いほど　いいだろう（　　）思います。

3. この　店は　昼から　夜　12時（　　）開いています。

4. 新しい　じむしょ（　　）せっけいが　できあがりましたので、ファ

   ックス（　　）送ります。

III Complete the questions so that they fit the answers.

1. さくらの　花は（　　）さきますか。

   4月に　なると　さきます。

2. （　　）か　あいている　部屋は　ないでしょうか。

   かいぎしつが　あいていますよ。

3. 山田さんが　かいた　えは　（　　）　でしたか。
   なかなか　よかったですよ。

IV Convert the following verbs and adjectives into their ば/ければ forms.

1. 会う　　　　4. ふる　　　　7. おくれる　　　10. ない
2. 書く　　　　5. 見える　　　8. けっこんする　11. めずらしい
3. 閉まる　　　6. 間にあう　　9. 持ってくる　　12. いい

V Complete the sentences with the appropriate form of the words indicated.

1. よく　（　　）ば、元気に　（　　）でしょう。（休みます、なります）
2. 東京タワーに　（　　）ば、うみが　（　　）でしょう。（のぼります、見えます）
3. つぎの　かどを　みぎに　（　　）と　花屋が　あります。（まがります）
4. おさけを　（　　）と、（　　）なります。（飲みます、楽しいです）
5. ごつごうが　（　　）ば、午後　（　　）たいと　思います。
   （いいです、うかがいます）
6. （　　）ば、（　　）なりません。（れんしゅうしません、上手です）
7. ボタンを　（　　）と　ドアが　閉まります。（おします）
8. （　　）ば、もっと　（　　）ましょう。（ほしいです、持ってきます）
9. 電話で　（　　）ば、（　　）と　思います。（たのみます、持ってきます）
10. （　　）ば、（　　）ほど　わからなく　なります。（考えます、考えます）

VI Circle the correct words in the parentheses.

1. いつ　しょるいを　預けたんですか。
   きのう　（はっきり、たしかに、なかなか）受付に　預けました。
2. 何時ごろ　うかがいましょうか。
   午前中は　いそがしいので、（できれば、なかなか、さっき）午後
   2時ごろ　来てくれませんか。
3. 時間が　ないので、（さっき、たしかに、さっそく）始めてください。

1. 図面
   ズ メン

   図 | 冂 冈 冈 図 図 図 (7)

   面 一 丆 ア 百 而 而 面 面 (9)

2. 問題
   モン ダイ

   問 | 冂 冂 冂 冂 門 門 門 門 問 問 (11)
   と(う)

   題 丨 口 日 日 旦 早 早 是 是 是 是 題 題

   題 題 題 題 (18)

3. 工事
   コウ ジ

   工 一 丁 工 (3)

4. 始める
   はじ

   始 く 女 女 妒 奶 妈 始 始 (8)
   シ

5. 年末
   ネンマツ

   末 一 二 十 才 末 (5)
   すえ

6. 表
   おもて

   表 一 十 丰 圭 丰 丰 表 表 (8)
   ヒョウ

7. 入口
   いりぐち

   口 | 冂 口 (3)
   コウ

8. 閉める
   し

   閉 | 冂 冂 冂 冂 門 門 門 門 閉 閉 (11)
   ヘイ

9. 質問
シツモン

質 (15)

10. 重い
おも

 (9)

重
ジュウ

BROWN'S DIARY

大みそかと　お正月
おお　　　　　　しょうがつ

Mr. Brown has to keep a diary as a part of his Japanese study.

12月31日　（水）　はれ　後　くもり
がつ　にち　　　　　　　のち

　今日は　大みそかだ。となりの　大野さんの　うちでは、朝か
きょう　　　　　　　　　　　　　　　おお の　　　　　　　　　　　　　あさ

ら　かぞく　全員で　そうじを　していた。みんなで　へいや
　　　　　　ぜんいん

車や、そして　犬まで　洗っていた。
くるま　　　　　　いぬ　　　あら

　午後は　日本語で　ねんがじょうを　書いたが、字が　下手だ
ご ご　　　にほんご　　　　　　　　　　　か　　　じ　　　へた

から　読みにくいだろう。夕方、田中さん　一家と　そばを
　　　よ　　　　　　　　　ゆうがた　たなか　　　いっか

食べに　行った。
た　　　い

夜は　ふだんは　あまり　見ない　テレビを　見た。チャンネ
ルを　つぎつぎに　かえると、さわがしい　ショーや　さむらい
の　時代げきを　やっていた。3チャンネルでは　ベートーベン
の　"第九"を　えんそうしていた。先日、中村さんが　「毎年、
12月に　なると　日本各地で　"第九"を　えんそうするんで
すよ」と　言っていたが、おもしろい　国だ。

1月1日（木）はれ
　　日本で　新年を　むかえた。町は　人も　車も　少なくて、
たいへん　静かだ。こうじょうも　会社も　休みなので、いつも
は　よごれている　東京の　空が、今日は　きれいで　気持ちが
いい。近所の　店も　スーパーも　みんな　休みだった。
あの　ラッシュアワーの　サラリーマンや　学生は　どこに
行ったのだろうか。
　　日本人の　どうりょうや　友だちから　ねんがじょうが　届い
た。ぎょうしゃからも　来た。いんさつの　ものが　多いが、
ふでで　書いた　ものも　ある。やはり　うつくしい。もらった
ねんがじょうは　ほとんど　全部　くじつきである。

Wednesday, December 31
Fair, later cloudy
　　Today is the (year's) final day. At the Ono house next door, beginning in the morning, every member of the family did (some) cleaning up. Everybody washed (something)—the fence, the car, even the dog.
　　In the afternoon I wrote New Year's cards in Japanese, but they are probably difficult to read because of my poor handwriting. In the early evening we went to eat soba with the Tanakas.
　　(Later) in the evening, I watched television, which I do not ordinarily see very often. Switching channels one after another, I came across an uproarious show, a samurai period

drama and such like. On Channel 3 they were performing Beethoven's Ninth Symphony. The other day Nakamura told me, "Every year when December comes around Beethoven's Ninth Symphony is performed all over Japan." Interesting country!

Thursday, January 1
Fair

I salute the New Year in Japan! The city has few people or cars and is very quiet. Because factories and companies (are) on vacation, Tokyo's usually dirty air is clean. (What a) good feeling! The neighborhood stores and the supermarket are all closed, too. Where have those rush-hour, white-collar workers and students gone, I wonder?

New Year's cards came from Japanese colleagues and friends. They came from business associates, too. Most were printed ones, but some were written with a brush as well. Quite beautiful, as one would expect. Of the cards (I) received, almost all have lottery (numbers) on them.

❏ Vocabulary

はれ	clear
後 _{のち}	later
くもり	cloudy
大みそか _{おお}	last day of year
大野 _{おおの}	Japanese surname
へい	fence, wall
字 _じ	(hand)writing, character, letter
下手(な) _{へた}	poor, unskillful
～にくい	difficult, awkward
一家 _{いっか}	family, household
そば	buckwheat noodles
夜 _{よる}	night
ふだん(は)	ordinarily
チャンネル	channel
つぎつぎに	one after another, in turn
さわがしい	uproarious, noisy
ショー	show
さむらい	samurai
時代げき _{じだい}	period drama
げき	drama
やる	show, play
ベートーベン	Beethoven
第九 _{だいく}	Ninth (Symphony)
第 _{だい}	(prefix for ordinal numbers)

えんそうする	perform
えんそう	performance, recital
先日 せんじつ	the other day
毎年 まいとし	every year
各地 かくち	all over, various districts
新年 しんねん	new year
たいへん	very
こうじょう	factory
よごれる	be/become dirty
空 そら	sky
気持ち きも	feeling
近所 きんじょ	neighborhood
みんな	all, everything
ラッシュアワー	rush hour
サラリーマン	white-collar (salaried) worker
(の)だろうか	I wonder
いんさつ	printing
ふで	brush
やはり	= やっぱり (just) as we/you expected
うつくしい	beautiful
ほとんど	almost
全部 ぜんぶ	all, every
くじつき	with lottery
くじ	lottery
～つき	with, attached, included

GRAMMAR & LESSON OBJECTIVES

• **Plain style**

In this course, the plain forms of verbs have up to this point been used only in the middle of sentences. As the final verbs in sentences, the plain forms are tied into, and are the main indicators of, the level of politeness. The plain style is used, for example, in a diary, a thesis, or in informal speech.

In informal speech there is a great variety of usage, related to the sex and age of the speakers and their relationships. Situation and topic may also be factors influencing the level of formality and politeness of forms and diction. Read the Short Dialogues in this and the following lessons carefully and note how the speech levels depend upon these factors.

The following table summarizes these expressions, most of which have already been introduced.

です／ます **style**	**plain style**
1. すもうを　見た　ことが　あります。	すもうを　見た　ことが　ある。
2. きのう　大阪へ　行きました。	きのう　大阪へ　行った。
3. 田中さんは　来ないかも　しれません。	田中さんは　来ないかもしれない。
4. あしたは　雨でしょう。	あしたは　雨だろう。
5. 東京は　おもしろい　町です。	東京は　おもしろい　町だ。
6. 今日は　気持ちが　いい　です。	今日は　気持ちが　いい。

NOTES

1. 字が　下手だから　読みにくいだろう。

にくい added to the ます stem of a verb gives the meaning "difficult," "hard," "awkward," and so on. In this context the translation can be "illegible." The opposite is やすい, as in 読みやすい "legible, easy to read." Both やすい and にくい are themselves inflected in just the same way as い adjectives, e.g., 読みにくく ない "not hard to read."

2. 田中さん一家と　そばを　食べに　行った。

そば in many varieties is everyday fare in Japan. The buckwheat noodles prepared especially for New Year's Eve go by the name of としこし そば, signifying the passing（こし）of the year（とし）, thus by implication the imminent arrival of the New Year.

3. チャンネルを　かえると...時代げきを　やっていた。

In addition to the と...ます pattern (p. 154), there is the と...ました pattern meaning "A did X and then discovered Y" or "X happened and then Y occurred."

　　ex. 山本さんが　来ると，受付の　人は　かさを　わたしました。

"When Yamamoto came, the receptionist handed him (his) umbrella."

In conversation, やっている is by far the most common way of saying something is on TV, is being produced on stage, and so on. If the time is the future, やる is used.

4. あの　ラッシュアワーの　サラリーマンや　学生は　どこに　行ったのだろうか。

As noted in Lesson 1, こ, そ and あ words are not limited to the tangible or what is immediately at hand. The expanded usage of あ can denote "that which both you and I know about." In this sentence, あの underscores the unforgettableness of the rush hour subway experience.

5. もらった　ねんがじょうは　ほとんど　全部　くじつきである。

Christmas cards are sent in Japan but in nowhere near the quantities of the more traditional New Year's cards (over 3 billion in one recent year). These regular-size but specially printed postcards bearing lottery numbers go on sale at post offices in November. If mailed by the deadline (around December 20), they are delivered on New Year's Day.

The lottery is held every year, on or around the second Sunday of January, and the lucky winners receive things like bicycles or portable radios or consolation prizes of commemorative postage stamps.

The ending of this sentence, である, is the equivalent of です and belongs to a bookish style of writing.

PRACTICE

❏ KEY SENTENCES

1. きのうは　あつかったから、友だちと　およぎに　行った。
2. はこを　開けると、中は　からだった。

1. Yesterday was warm so I went swimming with my friend.
2. When I opened the box, it (the inside) was empty.

❏ Vocabulary

から　　　　　　　　　　　　empty

EXERCISES

I **Practice the following patterns by changing verbs and adjectives as in the examples given.**

A. *ex.* 私は　京都へ　<u>行きます</u>。

→ 私は　京都へ　行く。

私は　京都へ　行かない。

私は　京都へ　行った。

私は　京都へ　行かなかった。

1. スミスさんと　ダンスを　します

2. 田中さんは　10時に　来ます

3. ジョンソンさんに　会います

4. 友だちと　映画を　見ます

5. ここに　かぎが　あります

B. *ex.* 田中さんは　いそがしいです。

→ 田中さんは　いそがしい。

田中さんは　いそがしくない。

田中さんは　いそがしかった。

田中さんは　いそがしくなかった。

1. 勉強は　楽しいです
2. 車が　少ないです
3. あたまが　いいです
4. あの　レストランは　まずいです
5. つごうが　わるいです

C. *ex.* スミスさんは　元気です。

→ スミスさんは　元気だ。

スミスさんは　元気では　ない。

スミスさんは　元気だった。

スミスさんは　元気では　なかった。

1. この　ホテルは　静かです
2. スミスさんは　ビールが　好きです
3. スミスさんは　りょうりが　上手です
4. デパートは　休みです
5. 山本さんは　パイロットです

D. *ex.* きのう　学校を　休んだ。

→きのう　学校を　休みました。

1. あした　ぜいむしょに　行かなければ　ならない
2. 6時に　家に　帰る　ことが　できない
3. 月に　行った　ことが　ない
4. 大金を　ひろった　ことが　ある

5. テニスを　したり　つりを　したり　した

6. 田中さんは　行くだろう

7. 早く　休んだ　ほうが　いい

8. 田中さんは　スライドを　見ていた

9. あしたは　ゆきかもしれない

10. まだ　ジョンソンさんに　会っていない

II **Make dialogues by changing the underlined parts as in the examples given.**

A. *ex.* **Q:** <u>あの　人の　話し方</u>は　どうですか。

A: <u>はやくて　聞き</u>にくいです。

1. この　新聞、字が　小さい、読む

2. この　テープ、おとが　わるい、聞く

3. なっとう、くさい、食べる

4. この　薬、にがい、飲む

B. *ex.* **Q:** <u>その　くつ</u>は　いかがですか。

A: <u>はきやすくて</u>　気に　入っています。

1. その　ペン、書く

2. この　じしょ、ひく

3. その　スーツ、着る

4. 新しい　ワープロ、使う

III **Practice the following pattern by changing the underlined parts as in the example given.**

ex. <u>部屋に　入る</u>と　<u>電話が　なっていました</u>。

1. まどを　開けました、すずしい　かぜが　入ってきました

2. 外に　出ました、雨が　ふっていました

3. うちに　帰りました、友だちが　まっていました

4. きんこを　開けました、中は　からでした

❏ Vocabulary

ダンス	dance, dancing
パイロット	pilot
ぜいむしょ	tax office
〜しょ	office, bureau
大金 たいきん	large sum of money
なっとう	fermented soybeans
くさい	smelly
にがい	bitter
はきやすい	easy to put on
はく	put on, wear (shoes, pants, etc.)
〜やすい	easy to
ひく	consult, look up in
スーツ	suit
なる	ring
かぜ	wind
入ってくる はい	come in
外 そと	outside, exterior, outer
きんこ	strong box, safe, vault

SHORT DIALOGUES

1. 男A：　もう　あの　映画　見た？
　おとこ　　　　えいが　み
　男B：　ううん、まだ。きみは？

　男A：　うん、もう　見た。

　男B：　どうだった？

　男A：　あんまり　おもしろくなかった。

Man A:　Have you already seen that movie?
Man B:　Uhn-un, not yet. How about you?
Man A:　Un, I saw (it).
Man B:　How was it?
Man A:　Not very interesting.

2. 女：　　もうすぐ　お正月ね。仕事は　いつまで？
　　おんな

　　男：　　12月28日まで。年末は　いつも　いそがしくて　いやなんだ。
　　おとこ　　　　　　　がつ　にち　　　　　　ねんまつ

　　女：　　お正月は　どっかに　行く？
　　　　　　　　　　　　　　　　　い

　　男：　　ううん、どこにも。正月は　のんびりしたいね。

Woman: New Year's will soon (be here), won't it? Which day do you work until? (*lit.* "[Your]
　　　　work [is] until when?")
Man:　　Until December 28. The end of the year is always (so) busy. It's horrible!
Woman: Are you going someplace for New Year's?
Man:　　No, nowhere. (I) want to take it easy.

❏ Vocabulary

ううん	uhn-un, nope, no (informal)
きみ	you (informal men's speech)
うん	un, un-huh, yeah (informal)
あんまり	not very (colloquial for あまり)
お正月	New Year's
しょうがつ	
いや(な)	horrible, nasty, unwelcome
どっか	some-/anyplace
	(informal contraction of どこか)
のんびりする	take it easy

QUIZ

I Read this lesson's opening passage and answer the following questions.

1. ブラウンさんは　大みそかの　夕方　だれと　何を　食べに　行きま
　　　　　　　　　　おお　　　ゆうがた　　　　なに　　た
　　したか。

2. 12月には　日本各地で　ベートーベンの　"第九"を　えんそうす
　　　　　　　にほんかくち　　　　　　　　だいく
　　ると　ブラウンさんに　話したのは　だれですか。
　　　　　　　　　　　　　はな

3. お正月に　ブラウンさんの　近所の　店は　開いていましたか。
　　　　　　　　　　　　　　きんじょ　みせ　あ

4. ブラウンさんは　だれから　ねんがじょうを　もらいましたか。

5. ブラウンさんは　ふでで　書いた　ねんがじょうを　うつくしいと
　　　　　　　　　　　　　か
　　思っていますか。
　　おも

II Complete the questions so that they fit the answers.

1. （　　　）に　出かける？

    9時に　出る。

2. きのうの　映画は（　　）だった？

    あんまり　おもしろくなかった。

3. （　　　）に　住みたい？

    安全な　所が　いい。

4. かれは（　　）来る？

    あした　来るだろう。

5. （　　　）と　いっしょに　行く？

    一人で　行く。

III Complete the sentences with the appropriate form of the words indicated.

1. この　肉は（　　）、（　　）にくい。（かたい、食べる）

2. かれの　せつめいは（　　）、（　　）にくい。（ふくざつ、わかる）

3. この　きかいは（　　）、（　　）やすい。（べんり、使う）

4. 今年は（　　）、ねんがじょうを　ぜんぜん（　　）ことが　できな
    かった。（いそがしい、書く）

5. 部屋が（　　）、気持ちが　いい。（きれい）

IV Answer the following questions.

1. あなたの　国では　おおみそかや　お正月に　何を　しますか。

2. お正月の　休みは　何日までですか。

3. あなたの　住んでいる　町では　クリスマスと　お正月と　どちらが
    にぎやかですか。

V 日本語で　にっきを　書いて　ください。

1. 正月
   ショウガツ

   正 ｜ 一 丁 下 正 正 (5)

   ただ(しい)

2. 全員
   ゼンイン

   全 ｜ ノ 入 八 今 全 全 (6)

   すべ(て)

3. 犬
   いぬ

   犬 ｜ 一 ナ 大 犬 (4)

   ケン

4. 洗う
   あら

   洗 ｜ ` ｀ ｼ ｼ ｼ 汁 汼 洉 洗 (9)

   セン

5. 午後
   ゴ ゴ

   午 ｜ ノ ゙ ニ 午 (4)

6. 字
   ジ

   字 ｜ ` ` 宀 宀 字 字 (6)

7. 夜
   よる

   夜 ｜ ` 亠 广 广 疒 夜 夜 夜 (8)

   ヤ

8. 毎年
   マイ とし

   毎 ｜ ノ ⺈ ⺈ 勾 句 毎 (6)

9. 各地
   カク チ

   各 ｜ ノ ク 夂 夂 各 各 (6)

10. 少ない
    すく

    少 ｜ 丿 小 小 少 (4)

    ショウ

11. 空
    そら

    空 ｜ ` ` 宀 宀 空 空 空 空 (8)

    クウ

Kanji for recognition: 第九
                       ダイ ク

LESSON
18

BIRTHDAY FLOWERS
花を　送る
はな　　おく

Mr. Johnson wants to find out whether giving flowers to a woman friend is an acceptable practice in Japan.

ジョンソン：　鈴木さん、ちょっと。
　　　　　　　すず き

鈴木：　　　何でしょう。
　　　　　　なん

ジョンソン：　日本の　しゅうかんを　知らないので　教えて
　　　　　　　に ほん　　　　　　　　　　し　　　　　　おし
　　　　　　　ください ませんか。友だちの　たんじょう日に
　　　　　　　　　　　　　　　　とも　　　　　　　　　　び
　　　　　　　花を　あげようと　思うんですが、おかしくない
　　　　　　　はな　　　　　　おも
　　　　　　　ですか。

鈴木：　　　女の　人ですか。
　　　　　　おんな　ひと

ジョンソン：　ええ、でも　特別の　友だちでは　ないんです
　　　　　　　　　　　　とくべつ
　　　　　　　が・・・。

鈴木：　　　おかしくないですよ。だいじょうぶです。デート
　　　　　　　ですか。いいですねえ。

ジョンソン：　ううん、まあ。

At the florist.

ジョンソン： 友だちに　花を　送ろうと　思うんですが、お願いできますか。

花屋： はい。お届けですね。できます。何日の　お届けでしょうか。

ジョンソン： あした　届けてください。

花屋： かしこまりました。

ジョンソン： この　ばらは　いくらですか。

花屋： 1本　250円です。

ジョンソン： じゃ、これを　20本　お願いします。たんじょう日の　プレゼントに　する　つもりですから、この　カードを　つけて　届けてくれませんか。

田中けい子さま
おたんじょう日　おめでとうございます。

マイケル

花屋： はい。お届け先は　どちらですか。

ジョンソン： 横浜です。

花屋： 送料が　500円　かかりますが、よろしいですか。

ジョンソン： ええ。じゃ　お願いします。

Johnson: Say, Mr. Suzuki.
Suzuki: Yes, what is it?
Johnson: Since I don't know Japanese customs, would you please tell me (something)? I'm thinking of giving flowers to a friend for (her) birthday. It wouldn't be strange, would it?
Suzuki: Is it a woman friend?

Johnson: Yes. But she's not a special girlfriend.
Suzuki: It's not strange. It's (quite) OK. (Are you going on) a date? That's nice. (I'm jealous.)
Johnson: Umm well . . .

Johnson: I'm thinking of sending flowers to a friend. Can you take care of it?
Florist: Yes, of course. Delivered, you say? We can do that. What's the delivery day (you have in mind)?
Johnson: Please deliver (them) tomorrow.
Florist: Certainly.
Johnson: How much are these roses?
Florist: ¥250 each.
Johnson: All right. I'd like twenty of them. (They're) meant to be a birthday gift, so would you include this card and deliver (them)?

> Miss (Keiko) Tanaka,
> Happy birthday!
> Michael

Florist: Yes, of course. Where should they be delivered to?
Johnson: Yokohama.
Florist: There'll be a ¥500 delivery charge. Is that all right?
Johnson: OK.

❏ Vocabulary

〜（よ）う	(volitional form)
おかしい	strange, funny
特別の／な	special, extraordinary
だいじょうぶ（な）	all right
ううん	umm
送る	send (a present)
お届け	delivery
つもり	intention, purpose
つける	include (*lit.* "attach")
おめでとうございます	congratulations
お届け先	consignee, destination
横浜	Yokohama (city)
送料	delivery charge, postage
よろしい	all right

- ### よう volitional form

友だちに　花を　あげようと　思うんですが...

Verbs ending in よう (plain form) and ましょう are in the volitional form and, in general, are translatable by "I'll," "we'll" or "let's." As in other cases, the usage of plain forms at the ends of sentences indicates familiar speech.

ex. タクシーで　行こうか。 "Shall we go by taxi?"

近いから　歩こうよ。 "Since (it's) close, let's walk."

As for the volitional form of Regular I verbs, note 歩こう in the example and keep in mind the correlation with the a, i, u, e, o vowel order.

	ます form	dictionary form	volitional form
Reg. I	送ります 書きます 会います	送る 書く 会う	送ろう 書こう 会おう
Reg. II	あげます 届けます 見ます	あげる 届ける 見る	あげよう 届けよう 見よう
Irreg.	来ます します	来る する	来よう しよう

- ### つもり

たんじょう日の　プレゼントに　する　つもりです。

つもり is actually a noun and is much used in this pattern to show intent or purpose.

ex. 1. 今日　吉田さんが　来ますが、会わないつもりです。

"Mr. Yoshida is coming today, but I don't plan to see him."

2. あした　東京に　帰りますか。 "Will you go back to Tokyo tomorrow?"

ええ、その　つもりです。 "Yes, I intend to."

- ### Polite expressions

The polite expressions in this lesson can be compared with others previously introduced.

よろしいですか is the same as いいですか but is more polite. The appropriate response is not よろしいです, but けっこうです, いいです, or simply はい.

お届けですか "Is it to be delivered?" In this case, too, prefacing the verb with the honorific お is one way of expressing politeness or respect. (See p. 23.)

ex. 1. いつ　お帰りですか。 "When are you coming back?"

2. 林さんは　たいへん　およろこびでした。 "Mrs. Hayashi was very pleased."

教えてくださいませんか "Would you please tell me?" てくださいませんか has the same meaning as てくれませんか but is more polite.

PRACTICE

❏ **KEY SENTENCES**

1. 毎日　日本語を　勉強しようと　思います。
2. あした　はれたら、テニスを　する　つもりです。

1. I intend to study Japanese every day.
2. If it clears up tomorrow, (I) plan to play tennis.

❏ **Vocabulary**

はれる　　　　　　　　　　clear up

EXERCISES

I　Verbs: Study the examples, convert into the volitional form, and memorize.

ex. 書く→書こう　食べる→食べよう　来る→来よう
言う→言おう　起きる→起きよう　する→しよう

1. 帰る（return）　　4. おぼえる　　7. 借りる
2. およぐ　　　　　5. 預ける　　　8. 買ってくる
3. 休む　　　　　　6. 見る　　　　9. りょうりする

II　Make dialogues by changing the underlined parts as in the example given.

ex. **Q:** <u>今日　田中さんに　会い</u>ますか。

A: ええ、<u>会おう</u>と　思います。

1. たばこを　やめる

2. 社長に　そうだんする

3. 友だちに　子どもを　預ける

4. ひこうきで　行きます

III Practice the following patterns by changing the underlined parts as in the example given.

ex. この プロジェクトが 終わったら なつ休みを とろうと
思います。

1. 来週 天気が よければ 富士山に のぼる
2. 子どもが できたら 仕事を かえる
3. ひまが できた とき この 本を 読む
4. 大学の 入学試験に しっぱいした ばあいは もう 1年
がんばる

IV Make dialogues by changing the underlined parts as in the examples given.

A. *ex.* **Q:** 会社を やめて 何を するんですか。

A: 一人で 仕事を 始める つもりです。

1. 大学に 入って もう 一度 勉強します
2. 国に 帰って しょうらいの ことを 考えます
3. デザイナーに なって 自分の 店を 持ちます
4. もっと きゅうりょうの いい 仕事を さがします

B. *ex.* **Q:** けっこんしないんですか。

A: ええ、けっこんしない つもりです。

1. もう たばこを すいません
2. だれにも 見せません
3. カメラを 持っていきません
4. 子どもを つれていきません

C. *ex.* **Q:** すみませんが、しおを とってくださいませんか。

A: はい。

1. その カメラを 見せる
2. ここで まっている
3. クーラーを けす
4. いすを はこぶのを てつだう

❏ Vocabulary

おぼえる	remember, memorize
りょうりする	cook
りょうり	food
休みを　とる	take a vacation
(子どもが)　できる	have a baby, become pregnant
(時間が)　できる	find spare time
しっぱいする	fail
しっぱい	failure, mistake
がんばる	try hard
しょうらい	future
デザイナー	designer
つれていく	take (a person)
つれる	take, bring, be accompanied by
しお	salt
とる	pass
てつだう	help, assist

SHORT DIALOGUES

1. 課長：　　帰りに　どう？　いっぱい　飲もう。
   小川：　　今日は　家内が　かぜを　ひいているので・・・。
   課長：　　ちょっとなら　いいだろう。
   小川：　　いえ、やっぱり　だめなんです。
   課長：　　そうか。じゃ、あきらめよう。

Section Chief:　On the way home shall we have a drink?
Ogawa:　　　　My wife has a cold today.
Section Chief:　If it's just a short one, it'll be OK (I think).
Ogawa:　　　　No, it's really out of the question.
Section Chief:　Is it now? Oh well then, I give up.

2. 加藤：　　今年の　日本語スピーチコンテストに　出ますか。

ブラウン： ええ、その　つもりですが、十分　じゅんびが　できなければ　来年に
するかもしれません。

Kato:　　Are you going to take part in this year's Japanese speech contest?
Brown:　Yes, I intend to, but if I cannot do enough preparation, I will probably do it next year.

❏ **Vocabulary**

そうか	＝ そうですか
あきらめる	give up, be resigned
スピーチコンテスト	speech contest
スピーチ	speech
コンテスト	contest
出る	participate, be a contestant
十分	enough
じゅんび	preparation

QUIZ

I Read this lesson's Opening Dialogue and answer the following questions.

1. ジョンソンさんは　女の　友だちへの　プレゼントについて
どうして　鈴木さんに　そうだんしましたか。

2. ジョンソンさんは　だれに　プレゼントを　送ろうと　思っていますか。

3. ジョンソンさんが　買った　ばらは　20本で　いくらですか。

4. けい子さんは　どこに　住んでいますか。

II Convert the following verbs into their volitional form.

1. 話す	4. やめる	7. 別れる	10. まつ
2. 届ける	5. つくる	8. 払う	11. デートする
3. 会う	6. 歩く	9. 質問する	12. 持ってくる

III Complete the sentences with the appropriate form of the verbs indicated.

1. 何を　（　　）　いるんですか。

   たなの　上の　はこを　（　　）と　思うんですが、手が

   （　　）んです。（します、とります、届きません）

2. どんな　ワープロを　（　　）つもりですか。

   小さくて、使いやすい　ワープロを　（　　）と　思うんですが、

   どれが　いいでしょうか。（買います、買います）

3. 今から　ゆうびんきょくへ　（　　）と　思うんですが、何か　用事は

   ありませんか。

   すみませんが、この　手紙を　（　　）くださいませんか。（行ってきま

   す、出します）

4. ほんとうに　かれと　（　　）んですか。

   ええ、もう　（　　）つもりです。（　　）ば、また　けんかしますから。

   （別れました、会いません、会います）

5. 日本語の　勉強を　（　　）と　思うんですが、どこか　いい　学校を

   （　　）くださいませんか。（始めます、教えます）

IV Choose a sentence appropriate to the situation described.

A. Congratulate a friend for passing his examination.

  1. ごうかくするでしょう。

  2. ごうかく　おめでとうございます。

  3. ごうかくしました。

B. You want to ask your section chief if it's all right to call him very late tomorrow evening.

  1. あしたの　晩　おそく　お電話くださいませんか。

  2. あしたの　晩　おそく　帰ってから　電話する。

  3. あしたの　晩　おそく　電話を　しても　よろしいですか。

C. **On the phone you ask the wife of an acquaintance of yours what time he will get home.**

1. ご主人は　何時ごろ　帰りましたか。
   <ruby>主人<rt>しゅじん</rt></ruby>　<ruby>何時<rt>なんじ</rt></ruby>　<ruby>帰<rt>かえ</rt></ruby>

2. ご主人は　何時ごろ　お帰りでしょうか。

3. 主人は　何時ごろ　帰る　つもりですか。

D. **You answer a question by saying you really do intend to quit your job.**

1. はい、ほんとうに　やめる　つもりです。
2. はい、たぶん　やめたと　思います。
   <ruby>思<rt>おも</rt></ruby>
3. はい、たぶん　やめるだろうと　思います。

V **Answer the following questions.**

1. あなたは　あした　何を　しようと　思いますか。
   <ruby>何<rt>なに</rt></ruby>

2. 日本語の　勉強が　終わったら、日本の　会社で　はたらく　つもり
   <ruby>日本語<rt>にほんご</rt></ruby>　<ruby>勉強<rt>べんきょう</rt></ruby>　<ruby>終<rt>お</rt></ruby>　<ruby>会社<rt>かいしゃ</rt></ruby>
   ですか。

3. あなたは　せかい中を　旅行したいと　思いますか。
   <ruby>中<rt>じゅう</rt></ruby>　<ruby>旅行<rt>りょこう</rt></ruby>

4. あなたの　来週の　予定を　話してください。
   <ruby>来週<rt>らいしゅう</rt></ruby>　<ruby>予定<rt>よてい</rt></ruby>　<ruby>話<rt>はな</rt></ruby>

NEW KANJI

1. 知る
   <ruby>知<rt>し</rt></ruby>
   知　ノ　ﾉ　ﾆ　ﾀ　矢　知　知　知 (8)

2. 教える
   <ruby>教<rt>おし</rt></ruby>
   教　一　十　土　耂　耂　孝　孝　孝　教　教 (11)
   キョウ

3. 友だち
   <ruby>友<rt>とも</rt></ruby>
   友　一　ナ　方　友 (4)
   ユウ

4. 花
   <ruby>花<rt>はな</rt></ruby>
   花　一　十　艹　艹　花　花　花 (7)
   カ

5. 特別
   トクベツ

特 | ノ | ー | 牛 | 牛 | 牜 | 牜 | 牸 | 特 | 特 (10)

6. 送る
   おく

送 | 丶 | 丷 | 丷 | 丷 | 关 | 关 | 送 | 送 (9)
   ソウ

7. 届ける
   とど

届 | 冖 | 冖 | 尸 | 尸 | 居 | 届 | 届 (8)

8. 田中
   たなか

田 | 丨 | 冂 | 冊 | 甲 | 田 (5)

9. けい子
   こ

子 | 乛 | 了 | 子 (3)

10. 先
    さき

先 | ノ | ー | 牛 | 生 | 芈 | 先 (6)
    セン

11. 考える
    かんが

考 | 一 | 十 | 土 | 耂 | 考 | 考 (6)
    コウ

LESSON
19

THE PUBLIC LIBRARY
図書館
<ruby>と</ruby> <ruby>しょ</ruby> <ruby>かん</ruby>

Mr. Chang and his neighbor, Daisuke, go for a walk together.

チャン： あれは　何ですか。

大介：　 図書館です。

チャン： だれでも　利用できますか。

大介：　 ええ、もちろんです。だれでも　入れますよ。あそこ
は　自分で　本を　手に　とって　見られますから、
とても　利用しやすいですよ。

チャン： それは　いいですね。ぼくは　カードを　見て　えら
ぶのは　にがてなんです。

大介：　 でも　チャンさんは　漢字が　読めるでしょう。

チャン： ええ、意味は　わかります。でも、ぼくは　自分で
本を　見ながら　えらべる　図書館が　好きなんです。

大介：　 ちょっと　ふべんな　所に　あるけど、広いし　静か
だし、いいですよ。

チャン： 本を 借りたり コピーしたり する ことも でき
ますか。

大介： ええ。てつづきを すれば 借りられます。ぼくも
今 2さつ 借りています。

チャン： 新聞や ざっしも 借りられますか。

大介： いいえ、本しか 借りられません。でも、新聞や
ざっしは コピーを たのめます。2、3分で 行けま
すから、これから いっしょに 行きませんか。

Chang: What's that?
Daisuke: It's a library.
Chang: Can anyone use it?
Daisuke: Yes, of course. Anyone can go in. You can get books and look at them, so it's very
           easy to use.
Chang: That's nice. Choosing books by looking through (the card catalogue) is difficult for me.
Daisuke: But I suppose you can read kanji, can't you?
Chang: Yes. I understand the meanings. But I like libraries where I myself can look at the
           books and choose.
Daisuke: It's in a slightly inconvenient location, but it's roomy and quiet, so it's a pleasant
           (place).
Chang: Can you borrow books and make photocopies?
Daisuke: Yes. If you go through the formalities, you can borrow books. At present I have bor-
           rowed two books.
Chang: Can you borrow newspapers and magazines, too?
Daisuke: No, you can only borrow books. But you can ask for photocopies of newspapers and
           magazines. We can get there in a couple of minutes, so shall we go (there) now?

❏ **Vocabulary**

大介	male given name
だれでも	anyone, everyone, someone
もちろん	of course
入れる	can go in
手に とる	get, take in one's hands
見られる	can see
にがて	difficult, poor at

読める （よ）		can read
意味 （い み）		meaning
えらべる		can choose
～けど		but, however
てつづき		formality, procedure
借りられる （か）		can borrow
～さつ		(counter for books)
～しか～ない		only
たのめる		can ask
行ける （い）		can get to, reach, can go

GRAMMAR & LESSON OBJECTIVES

● **Potential form of verbs**

だれでも　利用できますか。
（りよう）

だれでも　入れます。
（はい）

あの　図書館で　本が　借りられます。
（と しょ かん）　（ほん）　（か）

２、３分で　行けます。
（ぷん）　（い）

Potentiality can be expressed by the verb できる and also by the pattern ことが　でき
る．(See Book I for the first and p. 38 for the latter.) In addition, many verbs have a
potential form made by conjugation. It will be noted that in terms of pronunciation, the
final **u** of Regular I verb is replaced by **eru**, for example, 読む → 読める, "can read," "be
（よ）　　（よ）

readable." And えらぶ → えらべる, "can choose," "can be chosen." (Although it is techni-
cally correct to call 読める and えらべる dictionary forms, in the great majority of cases
（よ）

this form does not appear in bilingual dictionaries since the verbs are made by regular
transformations of other verbs.)

Regular I

	ない	ます	conditional	て	た
読める （よ） えらべる	読めない えらべない	読めます えらべます	読めれば えらべれば	読めて えらべて	読めた えらべた

Potential verbs conjugate the same as Regular II verbs but have no volitional form.
Other examples: 行く → 行ける, 話す → 話せる, 帰る → 帰れる, 送る → 送れる, 書く
（い）　（い）　　（はな）　（はな）　（かえ）　（かえ）　（おく）　（おく）　（か）

書ける, 入る → 入れる
（か）　（はい）　（はい）

The following sentences compare the meanings of the verb and its potential form:

ex. 1. チャンさんは　図書館に　入ります。 "Chang enters the library."
　　　　　　　　　（と しょ かん）　（はい）

　　 2. チャンさんは　図書館に　入れます。 "Chang can enter the library."
　　　　　　　　　（と しょ かん）　（はい）

For Regular II verbs add られる to the stem of the ない form as, for example,
見ない → 見られる, "can see," "can be seen," and 借りない → 借りられる, "can borrow,"
"can be borrowed." The Irregular 来る becomes 来られる, "can come," and する is
replaced by できる.

An easier, more practical way to make this form is to insert られ (or sometimes only れ
in colloquial usage) between the stem and the final る, ます, た, etc.

ex. 食べられる, 食べられない, 食べられます, 食べられた

Regular II and Irregular

	ない	ます	conditional	て	た
見られる 借りられる	見られない 借りられない	見られます 借りられます	見られれば 借りられれば	見られて 借りられて	見られた 借りられた
来られる できる	来られない できない	来られます できます	来られれば できれば	来られて できて	来られた できた

Other examples: 食べる → 食べられる, とどける → とどけられる, いる → いられる

する → できる: *ex.* 子どもも　利用します。 "Children use (it) too."

子どもも　利用できます。 "Children can use (it) too."

The topic or subject of a potential verb can be either animate or inanimate. For exam-
ple, この　ナイフは　よく　きれます。 "This knife cuts well."

ex. **1.** スミスさんは　漢字が　読めます。 "Smith can read Sino-Japanese characters."

　　　2. この　字は　とても　小さくて　読めません means "the letters are unreadable."

Potential verbs have customarily taken the particle が, but recently を has also come
into use.

ex. **1.** チャンさんは　漢字が/を　読めます。 "Chang can read Sino-Japanese characters."

　　　2. 本が/を　借りられます。 "You can borrow books."

　　　3. コピーが/を　たのめます。 "(You) can ask for copies."

When it comes to a choice between the potential form and ことが　できる, it can be
said that the former, being slightly shorter, is often preferred. チャンさんは　図書館に

入る　ことが　できます, although grammatically correct, sounds a bit stilted. Still the

forms are interchangeable, and it is not necessary to be overly cautious concerning the
differences between them.

ex. **1.** スミスさんは　新聞が　読めます。 "Smith can read a (Japanese) newspaper."

　　　2. 図書館に　行けば、10年前の　新聞を　読む　ことが　できます。

　　　　　"If (you) go to the library, (you) can read newspapers from ten years ago."

1. でも　チャンさんは　漢字が　読めるでしょう。

When used like this, でしょう normally has a rising tone and implies, "I suppose (something). Aren't I right?"

2. ちょっと　ふべんな　所に　あるけど。

けど is a colloquial shortening of けれど and けれども, meaning "although," "but." In some contexts all these are comparable to the particle が　and convey no particular meaning. (See Book I, p. 76.)

　　ex.　もしもし、ジョンソンですが／けど／けれど／けれども、けい子さんは

　　　　　いらっしゃいますか

3. 広いし　静かだし　いいですよ。

Before the connective し, plain forms can occur as well as です and the ます form. (See p. 51.)

4. 本しか　借りられません。

しか with a negative means "only," "merely," emphasizing that besides X there's nothing else. This contrasts with the usage of も to emphasize how many or much. (See p. 227, Note 4.)

　　ex.　**1.** さいふの　中に　2000円しか　ありません。"I only have ¥2000 in my purse."

　　　　2. 京都にしか　行きませんでした。"I visited Kyoto only."

5. 2、3分で　行けますよ。

One way to indicate the time or money required is with the pattern で plus potential form. In meaning, this sentence forms a pair with 2、3分しか　かかりません, rather than 2、3分　かかります.

　　ex.　あの店に　行けば　4000円で　買えますよ。

"At that store (it) can be bought for ¥4000."

PRACTICE

❏ **KEY SENTENCES**

1. ブラウンさんは　日本語が　話せます。

2. てつづきを　すれば、だれでも　本が　借りられます。

3. 渡辺さんは　やさいしか　食べません。

1. Mr. Brown can speak Japanese.
2. If they go through the formalities, anybody can borrow books.
3. Watanabe eats only vegetables.

EXERCISES

I Verbs: Study the examples, convert into the potential form, and memorize.

ex. 書く→書ける　　いる→いられる　　　　来る→来られる
　　　　書けない　　　　いられない　　　　　　来られない
　　買う→買える　　おぼえる→おぼえられる　する→できる
　　　　買えない　　　　　おぼえられない　　　　できない

1. 聞く　　　　4. 入る　　　　7. つとめる
2. とぶ　　　　5. 教える　　　8. 持ってくる
3. 洗う　　　　6. 起きる　　　9. れんしゅうする

II Make dialogues by changing the underlined parts as in the examples given.

A. *ex.* **Q:** 外国語で　うたが／を　うたえますか。

　　　　A: はい、うたえます。

1. この　漢字を　読む
2. あした　朝　7時に　出かける
3. 外国人の　名前を　すぐ　おぼえる
4. 日本語で　せつめいする

B. *ex.* **Q:** 駅前に　車が／を　止められますか。

　　　　A: いいえ、止められません。

1. すぐ　しりょうを　あつめる
2. あの　人の　話を　しんじる
3. この　電話で　こくさい電話を　かける
4. 100メートルを　10びょうで　はしる

C. *ex.* **Q:** ひらがなも　漢字も　書けますか。

　　　　A: ひらがなは　書けますが、漢字は　書けません。

1. じてんしゃ、オートバイ、のる
2. 魚、肉、食べる

3. 田中さん、山本さん、来る

4. テニス、ゴルフ、する

D. *ex.* **Q:** <u>何時ごろ　帰れますか。</u>

    A: <u>8 時までに　帰れると　思います。</u>

    1. だれが　なおす、田中さんが　なおす

    2. だれに　預ける、だれにも　預けない

    3. いつ　田中さんに　会う、来週の　木曜日に　会う

    4. どこで　借りる、図書館で　借りる

    5. 何メートル　およぐ、10メートルも　およがない

E. *ex.* **Q:** <u>日本で　イギリスの　新聞が　買えますか。</u>

    A: <u>ホテルに　行けば　買えます。</u>

    1. 日本語の　新聞を　読む、じしょを　使う

    2. コンピューターを　使う、せつめいを　読む

    3. あした　パーティーに　行く、仕事が　ない

    4. この　会話を　おぼえる、もう　少し　みじかい

F. *ex.* **Q:** <u>てつづきは　いつが　いいですか。</u>

    A: <u>今週中なら　いつでも　いいです。</u>

    1. りょうり、何、ぶた肉で　なければ

    2. とまる　所、どこ、べんりな　所だったら

    3. あつまる　時間、何時、へいじつの　夕方なら

    4. 受付を　てつだう　人、だれ、英語が　できれば

G. *ex.* **Q:** <u>お子さんは　何人いますか。</u>

    A: <u>一人しか　いません。</u>

    1. 今　お金を　たくさん　持っている、500円

    2. よく　れんしゅうできた、1 時間

    3. 何でも　食べる、やさい

    4. あの　図書館は　だれでも　利用できる、15 さいいじょう

      の　人

❏ Vocabulary

外国語 <small>がいこくご</small>	foreign language
しんじる	believe
こくさい電話 <small>でんわ</small>	international telephone call
こくさい	international
メートル	meter
～びょう	second (counter)
じてんしゃ	bicycle
オートバイ	motorcycle
ぶた肉 <small>にく</small>	pork
へいじつ	weekday

SHORT DIALOGUE

A: かいぎの　受付が　一人　たりないんですが、あさって　てつだいに　来られる　人
　　<small>うけつけ</small>　　<small>ひとり</small>　　　　　　　　　　　　　　　　　<small>こ</small>　　　　<small>ひと</small>
は　いないでしょうか。

B: 私で　よければ　おてつだいします。
　<small>わたし</small>

A: たすかります。ぜひ　お願いします。
　　　　　　　　　　　<small>ねが</small>

A: I have to find one more receptionist for the meeting. Can anyone come to help the day after tomorrow?
B: (If I'm good enough) I can come.
A: Thank you (*lit.* "you save me"). Please do.

❏ Vocabulary

てつだい	help, assistance
たすかる	be relieved, be saved

QUIZ

I Read this lesson's Opening Dialogue and answer the following questions.

1. チャンさんは　どんな　図書館が　好きですか。
　　　　　　　　　　　<small>としょかん</small>　<small>す</small>

2. この　図書館は　広くて　静かですか。
　　　　<small>としょかん</small>　<small>ひろ</small>　<small>しず</small>

3. 本を　借りたい　人は　どう　すれば　借りられますか。

4. 図書館では　新聞や　ざっしも　借りられますか。

II　Put the appropriate words in the parentheses.

1. 会員しか　その　スポーツクラブを　利用できませんか。

いいえ、だれ（　　）利用できます。

2. この　部屋は　広い（　　）きれいだ（　　）、気持ちが　いい。

3. この　花は　ジョンソンさんから　けい子さん（　　）の　プレゼントです。

4. ここ（　　）銀座（　　）どのぐらい　かかりますか。

15 分（　　）行けますよ。

5. 夕べは　1 時間（　　）勉強しませんでした。

6. さむいけど　空気が　わるい（　　）、まど（　　）　開けましょう。

III　Without changing the level of politeness, convert the following verbs into the potential form.

1. まちます　　　　5. 言いません　　　9. わすれない

2. 書きません　　　6. えらびます　　　10. 着る (wear)

3. 話します　　　　7. うたう　　　　　11. 持ってくる

4. 約束しません　　8. 会わない　　　　12. 休まない

IV　Complete the questions so that they fit the answers.

1. （　　）およげますか。

100メートルぐらい　およげます。

2. つぎの　かいぎは（　　）が　いいですか。

いつでも　けっこうです。

3. （　　）に　行けば　買えますか。

デパートで　売っていますよ。

4. （　　）今日は　早く　帰るんですか。

つまの　たんじょう日なので、早く　帰ります。

V Complete the sentences with the potential form of the verbs indicated.

1. ここは　駐車禁止なので、車は（　　　）。（止めません）

2. スキーに　行って　けがを　したので（　　　）。（あるきません）

3. 1年に　何日　会社を（　　　）か。（休みます）

4. 来年（　　　）か。（そつぎょうします）

5. 今すぐ（　　　）か。（出かけます）

6. ホワイトさんは　みそしるが（　　　）か。（つくります）

7. 受付に　ある　電話は（　　　）か。（使います）

8. どこに　行けば　おいしい　すしが（　　　）か。（食べます）

9. 試験に　ごうかくしなければ、この　大学に（　　　）。（入りません）

10. テレビで　日本の　古い　映画が（　　　）。（見ます）

VI Answer the following questions.

1. あなたは　フランス語が　話せますか。

2. あなたは　漢字が　いくつぐらい　読めますか。

3. あなたは　夕べ　よく　ねられましたか。

4. あなたは　日本語の　じしょが　ひけますか。

5. あなたは　日本語で　手紙が　書けますか。

NEW KANJI

1. 利用
　りょう

　利　ノ　ニ　千　チ　禾　利　利 (7)

　用　丿　几　月　月　用 (5)

2. 自分
　ジ　ブン

　自　′　丨　冂　自　自　自 (6)

3. 手
　て

　手　ノ　二　三　手 (4)
　シュ

4. 漢字（カンジ）

漢 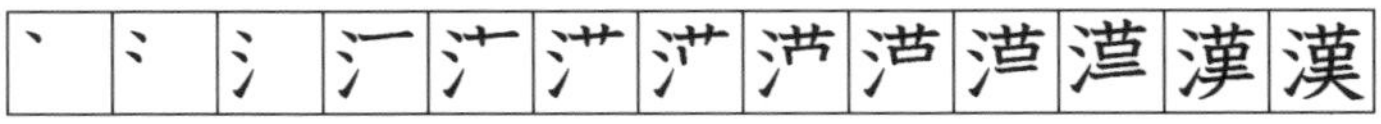 (13)

5. 意味（イミ）

意 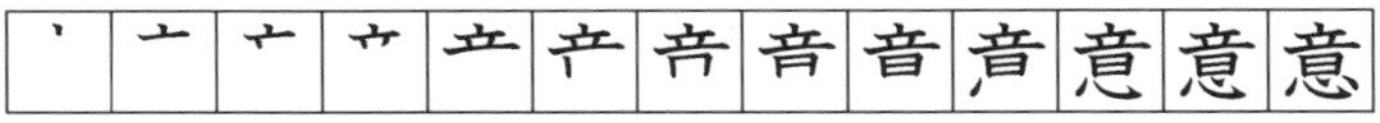 (13)

味 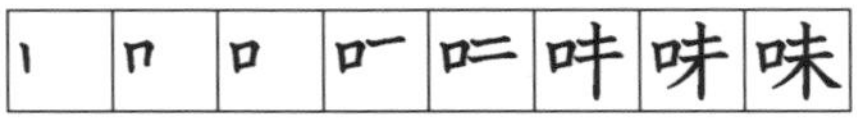 (8)

あじ

6. 静かな（しず）

静 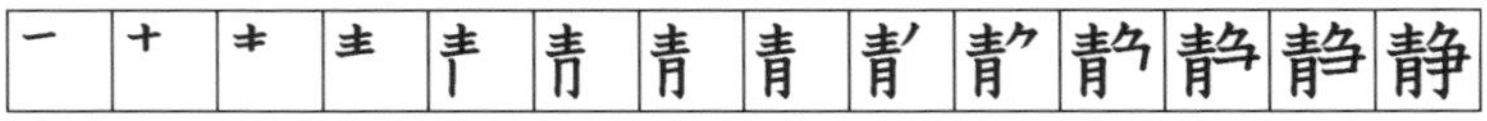 (14)

セイ

7. 借りる（か）

借 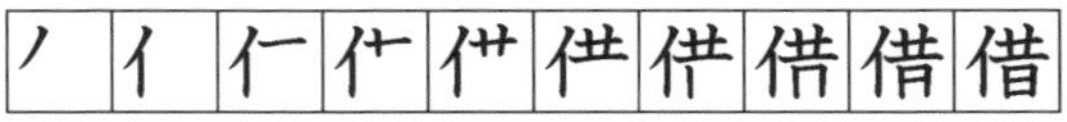 (10)

シャク

8. 魚（さかな）

魚 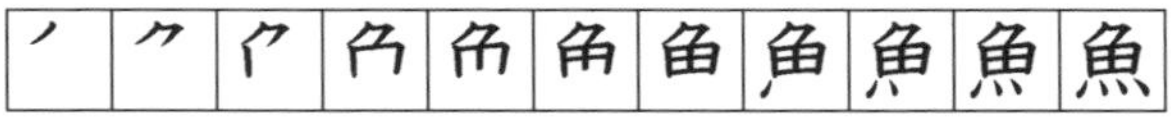 (11)

ギョ

9. 英語（えいご）

英 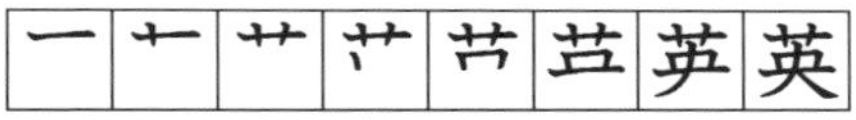 (8)

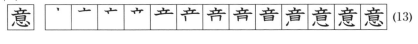

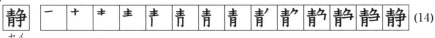

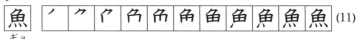

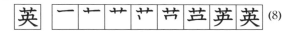

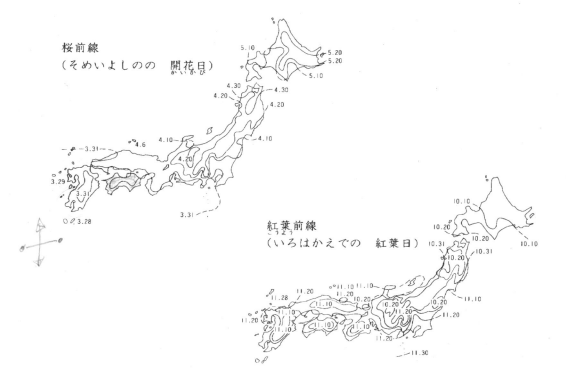

LESSON
20

CHERRY BLOSSOMS
桜前線
さくら ぜんせん

桜前線と　言う　ことばを　聞いた　ことが　ありますか。
さくらぜんせん　　　い　　　　　　　　　　　き

日本の　春を　代表する　花は　何と　言っても　桜でしょう。
にほん　はる　　だいひょう　はな　なん　　　い　　　　　　さくら

人々は　春が　近づくと、桜の　さく　日を　よそくしたり、友
ひとびと　　はる　　ちか　　　　さくら　　　　ひ　　　　　　　　　　　とも

だちと　お花見に　行く　日を　約束したり　します。
　　　はなみ　い　　　　やくそく

桜前線
（そめいよしのの　開花日）
かいかび

5.10
5.20
5.20
5.10
4.30　4.30
4.20
4.20
4.10
4.6　4.10　4.10
3.31
4.20
3.29
3.31
3.31
3.28

紅葉前線
こうよう
（いろはかえでの　紅葉日）
こうようび

10.10
10.20　10.20
10.31　10.10
10.31
10.20
11.20　11.10　11.10
11.28　　11.10　10.20　10.20　11.10
11.20　11.20
11.10　11.20
11.20
11.30

ところで、日本は　南から　北へ　長く　のびている　しま国です。九州、四国、本州、北海道では　ずいぶん　きおんの　さが　ありますから、桜の　さく　日も　少しずつ　ことなっています。九州南部では、3月の　末ごろ　さきますが、北海道では5月の　初めごろ　さきます。このように　約　40日も　かかって、日本れっとうを　南から　北へ　花が　さいていく　ようすを　線で　表した　ものが　桜前線です。

　桜前線の　ほかに　うめ前線や　つつじ前線などの　花前線も　あります。うめは　さくらより　ずっと　早く　九州を　出発しますが、北海道に　着くのは　だいたい　桜と　同じころです。ですから、5月の　上じゅんから　中じゅんに　かけて　北海道へ　旅行すれば、一度に　春の　花が　見られるのです。これとは　はんたいに、秋に　なると、こうよう前線は　山の　木々を　赤や　黄色に　そめながら、北から　南へ　すすんでいきます。

　人々は　春には　お花見、秋には　もみじがりなどを　して、きせつを　楽しみます。

Have you heard the term *sakura zensen*? The flower typifying spring in Japan is, undoubtedly, *sakura*, the cherry blossom. As spring approaches, people predict the day the cherry (trees) will blossom and agree with friends on a day to go blossom viewing.

Japan is an island country extending in a long (line) from south to north. Kyushu, Shikoku, Honshu, Hokkaido—there's quite a difference in temperatures, so the day the cherries blossom differs somewhat, too. In the southern part of Kyushu the cherries bloom around the end of March, but in Hokkaido they bloom around the beginning of May. Thus, the cherry blossom "front," a line starting in the south of the Japanese archipelago and (moving) north, shows the state of the cherry trees' blossoming. This takes as long as forty days.

In addition to the cherry blossom front there are other flower fronts, such as the apricot blossom front and the azalea front. Apricots start in Kyushu a whole lot earlier than the cherry trees, but they reach Hokkaido at almost the same time (as the cherries). Therefore, if (you) travel to Hokkaido in early or mid May, (you) can see (various) spring flowers at the same time. On the other hand, when it gets to be autumn the autumn leaves front makes its way from north to south, dyeing the trees in the mountains crimson or yellow.

With flower viewing in the spring, maple (leaf) excursions in the autumn and so on, people enjoy each season (in turn).

❏ Vocabulary

桜前線 さくらぜんせん	cherry blossom front
前線 ぜんせん	front
ことば	word
代表 する だいひょう	typify, represent
代表 だいひょう	representation
何と 言っても なん い	undoubtedly
人々 ひとびと	people
近づく ちか	approach
よそくする	predict
よそく	prediction, estimate
お花見 はな み	(cherry) blossom viewing
ところで	well, incidentally
のびる	extend, stretch, postpone
しま国 ぐに	island country
四国 し こく	Shikoku (place name)
本州 ほんしゅう	Honshu (place name)
ずいぶん	quite
きおん	(air) temperature
さ	difference
ことなる	differ, be different

南部 _{なんぶ}	southern part
末 _{すえ}	end
初め _{はじ}	beginning, first
このように	thus, in this way
〜よう	way, manner
約 _{やく}	about
れっとう	archipelago
さいていく	be (in the process of) blooming
ようす	state, circumstance, appearance
線 _{せん}	line
表す _{あらわ}	show, express
〜の　ほかに	in addition to
うめ	apricot, Japanese plum
つつじ	azalea
〜などの	such as
〜など	and so forth
ずっと	a whole lot, all the time/way
だいたい	almost
ですから	therefore (same as だから)
上じゅん _{じょう}	first third of the month
中じゅん _{ちゅう}	second third of the month
〜から　〜に　かけて	from . . . to . . .
こうよう	autumn (*lit.* "red") leaves
木々 _{き ぎ}	trees
赤 _{あか}	red
黄色 _{き いろ}	yellow
そめる	dye
すすんでいく	be advancing
もみじがり	maple leaf excursion
もみじ	maple
かり/がり	excursion, hunting
きせつ	season
楽しむ _{たの}	enjoy

Supplemental vocabulary

そめいよしの	a species of cherry
開花日 かいかび	day of blooming
いろはかえで	a species of maple
こうようび	day the leaves turn

NOTES

1. 桜前線, こうよう前線
さくらぜんせん　　　　　　ぜんせん

These 前線 are analogous to warm and cold weather fronts, so perhaps it is not surpris-
ぜんせん
ing that information on their progress comes from the きしょうちょう, the Meteoro-
logical Agency. Among its weather-related functions are predicting the harvest time of
fruits, but predictions and reports on the 桜 and こうよう are the most eagerly awaited.
さくら

The harbinger for the many varieties of cherry blossoms is the species known as そめ
いよしの, and for maples it is いろは かえで.

2. 桜
さくら

そめいよしの only blooms for a very short period, from five to ten days. If it rains or is
windy, which is typical spring weather in Japan, the blossoms may all fall overnight.

3. 何と 言っても
なん　　 い

More literally this means "No matter what anyone says . . ."

4. 約 40日も かかって . . .
やく　　　 にち

The particle も here emphasizes the number of days the cherry blossom front takes as
it moves from the south to the north of Japan. This use of も reflects the speaker's
feelings of "so many" or "so much."

5. 花が さいていく。 (*lit.*) "The flowers bloom progressively."
はな

Adding いく, which means "to go," to the て form of verbs indicates the continuous
progress of the action.

　ex.　ツバメは 10月ごろ 南へ とんでいきます。
　　　　　　　　　がつ　　　みなみ

"Swallows fly (*lit.* "go flying") south in October."

6. 一度に 春の 花が 見られるのです。
いちど　　 はる　 はな　　 み

のです is equivalent to んです but less colloquial. (See p. 117.)

7. 木々
   <ruby>木<rt>き</rt></ruby><ruby>々<rt>ぎ</rt></ruby>

   The kanji 々 indicates the repetition of the syllable(s) coming immediately before it, sometimes with a phonetic change. Nouns in Japanese are generally written and pronounced the same whether singular or plural (as noted in Characteristics of Japanese Grammar in Book I), but this is one way of specifying plurality. Other examples: 花々, "flowers"; 国々, "countries"; 島々, "islands"; 山々, "mountains"; 我々, "we." (See Book III, Lesson 1.)

   Words made plural with suffixes are comparatively few and must be learned as they are encountered. あなた方, for example, is one way of pluralizing "you." From familiar to formal, there are a number of words for "we," such as ぼくら, 私たち (the most common) and 私ども (humble/formal).

8. 春には　お花見、秋には　もみじがり

   When things are listed or enumerated, it is sometimes permissible to omit predicates and, in fact, this can create a dramatic effect.

QUIZ

I Read this lesson's opening passage and answer the following questions.

1. 日本の　春を　代表する　花は　桜ですか、つつじですか。
2. 日本人は　春に　なると　よく　何を　しますか。
3. 九州の　南部では　いつごろ　桜が　さきますか。
4. 九州では　桜と　うめと　どちらが　先に　さきますか。
5. 北海道では　いつごろ　うめが　さきますか。
6. 桜前線と　言うのは　何ですか。
7. こうよう前線も　南から　北へ　すすみますか。

II あなたの　国の　きせつに　ついて　書いてください。

NEW KANJI

1. 桜前線
   さくらゼンセン

   線　⺯ ⺯ 幺 纟 糸 糸 糸 糺 紀 約 紤 紵 綧 線
   線 (15)

2. 春
はる
春 | 一 | 二 | 三 | 声 | 夫 | 表 | 春 | 春 | 春 (9)
シュン

3. 木々
きぎ
々 | ノ | 夕 | 々 (3)

4. 約束
ヤク ソク
束 | 一 | 厂 | 冖 | 亘 | 申 | 東 | 束 (7)
たば

5. 南
みなみ
南 | 一 | 十 | 宀 | 内 | 内 | 両 | 両 | 南 | 南 (9)
ナン

6. 北
きた
北 | ー | 十 | 土 | 北 | 北 (5)
ホク

7. 長い
なが
長 | 丨 | 厂 | 厂 | 下 | 長 | 長 | 長 | 長 (8)
チョウ

8. 初め
はじ
初 | 丶 | ラ | ネ | ネ | ネ | 初 | 初 (7)
ショ

9. 秋
あき
秋 | ノ | 二 | 千 | 手 | 禾 | 利 | 利 | 秒 | 秋 (9)
シュウ

10. 黄色
き いろ
色 | ノ | ク | ク | 名 | 名 | 色 (6)
ショク

11. 西
にし
西 | 一 | 厂 | 冂 | 丙 | 西 | 西 (6)
サイ・セイ

Kanji for recognition: 黄色
き いろ
桜
さくら

APPENDICES

A: Plain Forms and Connective Patterns

The plain adjective and verb forms given in the charts below are used in a number of patterns. Exceptions, which occur only in the case of a な adjective or a noun followed by だ, are shown in boxes.

Verbs

	Present		Past	
	aff.	neg.	aff.	neg.
Reg. I	使う	使わない	使った	使わなかった
Reg. II	いる	いない	いた	いなかった
Irr.	来る	来ない	来た	来なかった
	する	しない	した	しなかった

Adjectives, Noun + です

	Present		Past	
	aff.	neg.	aff.	neg.
い adj.	赤い	赤くない	赤かった	赤くなかった
な adj.	静かだ	静かでは/じゃ ない	静かだった	静かでは/じゃ なかった
N + です	N だ	N では/じゃない	N だった	N では/じゃなかった

Four connective patterns using the following words and phrases are encountered in Book II.

1. Basic Pattern

    Before と思う, と言う, と聞く, etc., verbs and adjectives end in the plain form without exception.

2. Noun-modifying Pattern

    Nouns (Lesson 7), とき, ばあい (Lesson 12), つもり (Lesson 18).

    When these words are modified, the following exceptions occur:
    After な adj.: 静かな こうえん／とき, etc.

    After noun: こどもの 本／とき, etc.

3. でしょう Pattern

    でしょう (Lesson 8), だろう (Lesson 13), かもしれない (Lesson 13)
    な adjectives and nouns plus だ are exceptions. The stem of な adjectives and nouns comes directly before these words.
    な adj.: 静かでしょう (after the stem)

    noun: 子どもでしょう

4. な ので Pattern

    の/ん です (Lesson 11), ので (Lesson 13).

    な adjectives and nouns plus だ are exceptions.

    な adj.: 静かな ので

    noun: 子ども なので

Index: ばあい (2), だろう (3), でしょう (3), かもしれません (3), ので (4), の/ん です (4), noun (2), という/聞く/思う/つたえる (1), とき (2), つもり (2).

Notes: The number in the parentheses refer to the pattern number.

        For other words and phrases, such as ながら, なくてもいい, ことがある, which follow other forms, refer to their connective pattern in the grammar sections of the respective lessons.

B: Grammatical Patterns and Common Constructions

Lesson 1	1	～と～と どちらが～か	東京と 大阪と どちらが 大きいですか。
	2	～より～の ほうが～	大阪より 東京の ほうが 大きいです。
	3	～は～より～	東京は 大阪より 大きいです。
	4	～の 中で～が一番～	スポーツの 中で テニスが 一番 好きです。
	5	～も～も～	朝も 夕方も こんでいます。
Lesson 2	6	～くて／で、～です	ここは 広くて 静かな こうえんです。
	7	～く／に ～ます	漢字を きれいに 書いてください。
	8	～に 行きます	レストランに 昼ごはんを 食べに 行きます。
	9	～物	わすれ物を しました。
Lesson 3	10	～る ことが できます	一年中 およぐ ことが できます。

	11	〜る　前に〜	会社に　行く　前に、新聞を
			読みます。
	12	〜でも	どれでも　いいです。
	13	お／ご〜ください	ごそうだんください。
	14	〜に〜回	1週間に　2回　日本語の　クラ
			スがあります。
Lesson 4	15	〜た　ことが　あります	ホンコンに　行った　ことが　あ
			ります。
	16	〜たり〜たり　します	本を　読んだり、おんがくを
			聞いたりします。
	17	〜を〜ます	北海道を　回ります。
	18	〜たことは　ありますが、	写真を　見た　ことは　ありますが、
		〜たことは　ありません	行った　ことは　ありません。
Lesson 5	19	〜く／に　なります	セーターが　安く　なりました。
	20	〜に　します	プレゼントは　セーターに　しま
			す。
	21	〜てから、〜ます	手を　洗ってから、サンドイッチ
			を　食べます。
	22	まだ〜ていません	まだ　決めていません。
	23	〜ですし、〜ですし、〜	おいしいですし、きれいですし、
			あの　レストランは　いいですよ。
	24	くれます	セールスの　人が　くれました。
	25	〜が　ほしいです	ワープロが　ほしいです。
	26	〜方	使い方が　わかりません。

Lesson 6	27	〜た／ない　ほうが　いいです	けいさつに　電話した　ほうが　いいです。
			むりを　しない　ほうが　いいです。
	28	〜てきます	たばこを　買ってきます。
	29	なかなか〜ません	なかなか　上手に　なりません。
	30	〜た　ばかりです	日本に　来たばかりです。
Lesson 7	31	〜noun (Noun Modifiers)	スミスさんは　ABCで　はたらいている　べんごしです。
	32	〜る　ことも　あります	ひこうきは　早く　着く　ことも　あります。
	33	〜てくれませんか	むかえに　行ってくれませんか。
	34	〜か	だれか　来ました。
	35	〜も　ありません	手紙を　書く　時間も　ありません。
Lesson 8	36	〜と　思います／言っていました	電車も　バスも　動かないと　思います。／木村さんは　札幌を　知っていると　言っていました。
	37	〜でしょう	あしたは　雨でしょう。
	38	もう〜ません	きっぷは　もう　ありません。
Lesson 9	39	〜なければ　なりません	今日中に　申し込みを　しなければなりません。
	40	〜なくても　いいです	あした　行かなくても　いいです。
	41	〜ては　いけませんか	ゆうびんで　送っては　いけませんか。

	42 ～ては　いけません	病院で　たばこを　すっては いけません。
	43 ～でも　いいです	ゆうびんでも　いいです。
	44 ～で　いいですか	しょるいは　これで　いいですか。
Lesson 10	45 ～ながら、～ます	ラジオを　聞きながら、新聞を 読んでいます。
	46 ～た　後、～ます	熊本を　見物した　後、長崎へ 行きます。
Lesson 11	47 ～んです	あした　かいぎが　ありますから、 しりょうを　コピーしているんで す。
	48 ～こと	スミスさんが　大阪へ　行った ことを　知っていますか。
	49 ～からです	じこで　けがを　したからです。
Lesson 12	50 ～とき、～	スミスさんは　本を　読む　とき、 めがねを　かけます。
	51 ～ばあい、～	おそく　なる　ばあいは　れんら くします。
	52 ～と　言います	私は　スミスと　言います。
Lesson 13	53 ～かもしれません	あさって　大阪へ　行くかもしれ ません。
	54 ～だろうと　思います	鈴木さんは　リンダさんを　知ら ないだろうと　思います。

	55	〜ので、〜	ひこうきが　とばないので、旅行 に　行く　ことが　できません。
	56	〜から／まで／へ／で／ 　　との	渡辺さんからの　手紙です。
Lesson 14	57	〜て／で、〜	その　話を　聞いて、安心しました。
	58	〜て、〜	木村さんは　歩いて　会社に 行きます。
	59	〜の	スミスさんを　くうこうまで むかえに　行ったのは　鈴木さん です。
	60	〜が　見えます／ 　　聞こえます	ホテルの　まどから　富士山が 見えます。
	61	〜る　まで、〜	かいぎが　終わるまで　まちます。
Lesson 15	62	〜たら、〜ました	京都まで　車で　行ったら、 10時間　かかりました。
	63	〜たら、〜ます	予定が　かわったら、知らせます。
	64	〜なら、〜	ひこうきで　行くなら、早く きっぷを　買った　ほうが　いい ですよ。
Lesson 16	65	〜ば／ければ、〜	さか屋に　電話すれば、すぐ ビールを　持ってきます。
	66	〜と、〜ます	春に　なると、さくらの　花が さきます。
	67	〜ば／ければ〜ほど〜	魚は　新しければ　新しいほど いいです。

Lesson 17	68	Plain Style	きのうは　あつかったから、友だ
			ちと　およぎに　行った。
	69	〜と、〜ました	部屋に　入ると、電話が　なって
			いました。
	70	〜やすい／にくい	この　くつは　はきやすいです。
Lesson 18	71	〜う／よう	近いから　駅まで　歩こう。
	72	〜う／ようと　思います	毎日　勉強しようと　思います。
	73	〜つもりです	あした　はれたら、テニスを
			する　つもりです。
Lesson 19	74	Potential	ブラウンさんは　日本語が　話せ
			ます。
	75	〜しか〜ません	渡辺さんは　やさいしか　食べま
			せん。
	76	〜でしょう	チャンさんは　漢字が　読めるで
			しょう。
	77	〜し、〜し、〜	広いし、静かだし、いいですよ。
Lesson 20	78	〜ていきます	南から　北へ　花が　さいていき
			ます。
	79	〜も	8時間も　かいぎを　しています。

C: Verb Conjugations

Except for the two irregular verbs くる and する, all verbs belong to either the Regular I or Regular II category and conjugate as in the following tables. The て/た form comes from the ます form, but euphonic changes occur in the case of most Regular I verbs. Note the last sound of the ます stem is underlined.

Regular I

	ない	ます	dictionary	conditional	volitional	て	た	type
walk	歩かない	歩きます	歩く	歩けば	歩こう	歩いて	歩いた	いて/いた
swim	およがない	およぎます	およぐ	およげば	およごう	およいで	およいだ	いで/いだ
buy	買わない	買います	買う	買えば	買おう	買って	買った	って/った
wait	またない	まちます	まつ	まてば	まとう	まって	まった	って/った
get on	のらない	のります	のる	のれば	のろう	のって	のった	って/った
live	住まない	住みます	住む	住めば	住もう	住んで	住んだ	んで/んだ
die	しなない	しにます	しぬ	しねば	しのう	しんだ	しねば	んで/んだ
call	よばない	よびます	よぶ	よべば	よぼう	よんで	よんだ	んで/んだ
push	おさない	おします	おす	おせば	おそう	おして	おした	no euphonic change

Note: Remember one exception. The て form of いく is いって.

Regular II

	ない	ます	dictionary	conditional	volitional	て	た	
eat	食べない	食べます	食べる	食べれば	食べよう	食べて	食べた	
get off	おりない	おります	おりる	おりれば	おりよう	おりて	おりた	

Irregular

	ない	ます	dictionary	conditional	volitional	て	た	
come	来ない	来ます	来る	来れば	来よう	来て	来た	
do	しない	します	する	すれば	しよう	して	した	

QUIZ ANSWERS

Lesson 1

I　1. 朝の　ほうが (夕方より) こんでいます。　2. みちが　こんでい
ますから (電車の　ほうが　車より　はやいです)。　3. 毎朝　7時に
うちを　出て、地下鉄で　会社に　行きます。　4. 朝の　8時半ごろ
が　一番　こんでいます。　5. はい、地下鉄の　中で　日本語を
勉強しています。

II　1. より　2. に、を、で、に　3. も　4. が、で　5. の、で

III　1. どちら／どっち　2. いつ　3. だれ　4. 何　5. どちら／どっち

IV　1. すいて　2. こ　3. はたらいて　4. こんで、おりて、歩き

5. 使って、使い、使わ

Lesson 2

I　1. 黒くて　大きい　紙の　ふくろを　わすれました。　2. 後ろから
2番めの　車りょうに　わすれました。　3. はい、(うまのもようが)
あります。　4. 東京駅に　電話を　かけて　聞きました。　5. 東京駅
(の　じむしつ) に　とりに　行きます。

II　1. の、と、を　2. から、の　3. と、の、に、が　4. に、から、に、に

III　1. どんな　2. どこ　3. 何　4. どこ

IV　1. 上手に　2. くわしく　3. 早く　4. いたくて　5. 静かに
6. 古くて、ゆうめいな　7. 大きく

V　1. この　電車に　のって、東京駅で　おりてください。　2. あの　レ
ストランは　広くて　あかるいです。　3. この　店は　新しくて　き
れいで　すいています。　4. それは　青い　セーターで、花の　もよう
が　あります。　5. 渡辺さんは　あたまが　よくて　しんせつです。

6. チャンさんは まじめで よく はたらきます。 7. じむしつに 電話を かけて 聞きます。
てんわ　　　　　　　　　き

Lesson 3

I 1. 申し込みを しに 行きました。／スポーツクラブを 見に 行き
もう こ　　　　　　い　　　　　　　　　　　　　み　　　い
ました。 2. スポーツクラブの 人が あんないしました。
ひと
3. はい、(一年中 およぐ ことが) できます。 4. いいえ、申し込み
いちねんじゅう　　　　　　　　　　　　　　　　もう こ
を する前に、中を 見ました。
まえ　なか み

II 1. で、に、を 2. でも、を、が、が、に、に 3. に、と、を 4. に、
に／へ

III 1. 行く 2. 会う 3. あんないする 4. 教える 5. わすれる 6. 見る
い　　　あ　　　　　　　　　　　　　おし　　　　　　　　　　み
7. ある 8. けす 9. 止める 10. まがる 11. 来る 12. 食べる
と　　　　　　　　　　　　く　　　　た
13. 勉強する 14. 電話を かける 15. 持ってくる
べんきょう　　てんわ　　　　　　　　も

IV 1. 見る 2. 食べ、行って 3. 来る、かけて 4. 会い、行く
み　　　た　　い　　　　　く　　　　　　　あ　　い
5. でかける 6. 止まる、止めない
と　　　　と

Lesson 4

I 1. 加藤さんと 行きます。 2. いいえ、行ったことが ありません。
かとう　　い　　　　　　　　　　い
3. いいえ、木村さんは (いっしょに) 行きません。 4. (札幌市内の)
きむら　　　　　　　　　　　い　　　　　　　　さっぽろしない
とりひき先を 回ったり、銀行に あいさつに 行ったりします。
さき　まわ　　　ぎんこう　　　　　　　い

II 1. に／へ、に 2. で、を 3. は、が、は 4. で、を

III 1. のぼった 2. あった 3. 食べた 4. 聞いた 5. いた 6. おとした
た　　　　き
7. 読んだ 8. わすれた 9. 見た 10. あそんだ 11. 回った
よ　　　　　　　　　　　み　　　　　　　　　　まわ
12. せつめいした 13. およいだ 14. 習った 15. 出かけた
なら　　　　で

IV 1. のぼった 2. 会った 3. 聞く 4. 読ん、書い 5. 見、会っ
あ　　　き　　　よ　　か　　　み　あ

Lesson 5

I 1. セールスの 人に もらいました。 2. 安く なりました。
ひと　　　　　　　　　　やす
3. システム部の 人です。 4. はい、かんたんです。
ぶ　　ひと

II 1. に、の、を　2. に　3. が、が、し　4. の、の、が　5. を、を
6. の、に　7. し、し　8. が、に　9. が

III 1. どの　2. いつ　3. だれ

IV 1. つくり、教えて　2. 届いて　3. 帰って　4. 考えて、決めて
5. 話す　6. うたう

Lesson 6

I 1. いしゃに　もらいました。　2. 38度　ねつが　ありました。
3. いいえ、なかなか　よく　なりませんでした。　4. はい、早く　家
に　帰ります。

II 1. に、が　2. か、に　3. に、の　4. が、が、に　5. に

III 1. 急いだ　2. 食べない　3. なおって、休んで　4. 知らせて　5. 行っ
て、たのんで　6. こんで、行かない

IV 1. たいてい　2. なかなか　3. まず、それから　4. さっき

V A. 2　B. 2

Lesson 7

I 1. 鈴木さんが　むかえに　行きます。　2. ロンドンの　じむしょに
いた人です。　3. いいえ、知りません。　4. いいえ、(写真で　見た
ことは　ありますが、会った　ことは) ありません。

II 1. が／の　2. に　3. に、で／を　4. を　5. で、に　6. で、と、も

III 1. できる　2. 会う　3. 見なかった　4. わからない　5. 来なかった
6. 買った　7. 止まって　いる　8. やく　9. 払う、払って
10. えらんだ

IV 1. スミスさんのおくさんです。　2. 田中さんです。　3. 田中さんで
す。　4. スミスさんです。　5. 田中さんとスミスさんです。

Lesson 8

I 1. 京都へ　あそびに　行きたいと　思っています。　2. おぼんのころ

は くにへ 帰る 人が おおぜい いますから。 3.車で 帰りました。 4.加藤さんが 言いました。 5.行かないと 思います／わかりません。

  II   1. を、と　2. を、に、と　3. し、し、と　4. に、の、に、と

  III 1. どちら／どっち　2. いつ　3. 何　4. どう　5. どうして

  IV 1. 行かなかった　2. 来ない　3. 元気だった　4. ない
    5. おもしろくなかった　6. おくさんでは ない　7. ふらない
    8. 終わっていない

Lesson 9

  I   1. いいえ、ごうかくしませんでした。　2. よび校に 行かなければ
なりません。　3. いいえ、(わざわざ) よび校まで 行かなくても
いいです。　4. はい、げんきんかきとめでも いいです。
5. げんきんかきとめで 送ると 思います。／わかりません。

  II   1. で　2. の、に　3. で、で　4. から　5. に

  III 1. いつ　2. いくら　3. どうして　4. どちら／どっち　5. 何か月

  IV 1. 起き　2. わすれて　3. 山　4. 書か　5. 払わ　6. かたづけて、
かたづけ　7. 止めて

Lesson 10

    1. 田中さんに 手紙を 出しました。　2. いいえ、かぞくと 旅行を
しています。　3. 阿蘇山です。　4. いいえ、前に 東京の りょうて
いで 見た ことが あります。　5. のうやくの 使用を やめてか
ら、川が きれいに なって、ほたるが ふえたと 言っていました。
6. 熊本と 長崎を 見物してから、東京に 帰ります。　7. 日本で
たった 一つの ぼうえきこうで、日本の 中で 一番 こくさいて
きな 町でした。　8. ブラウンさんの おくさんです。　9. 来週 木
曜日に アメリカ本社から 社長が 来ますから。　10. いいえ、行
かないと 思います。

Lesson 11

I　1. おととし　そつぎょうしました。　2. 前に　つとめていた　商社で
は　せんもんの　仕事が　できませんでしたから。　3. コンピュータ
ーサイエンスです。　4. はい、好きな　仕事が　できると　思ってい
ます。　5. はい、知っていました。

II　1. に　2. に、を　3. に、を　4. で　5. を、が、と、から

III　1. なぜ／どうして　2. どう／どうか　3. どうやって　4. 何

IV　1. 帰った　2. 知らせなかった、休みだった　3. 行っていた　4. 食べな
い、食べたくない　5. 出かける、ない　6. 病気な　7. 言った、話した
8. おぼえる

V　A. 3　B. 1　C. 2

Lesson 12

I　1. (京都の) みやこ旅館に　電話を　しました。　2. はい、部屋が
あいていると　言いました。　3. 10分ぐらい　かかります。
4. ぜい金と　サービス料を　払わなければ　なりません。
5. はい、とまる前に　内金を　払わなければ　なりません。

II　1. で　2. と　3. に、まで、に　4. より　5. で　6. と　7. の

III　1. いつ／何時に　2. 何　3. どうして／なぜ

IV　1. いた　2. いない　3. 起きた、ふって　4. できない、して　5. 生まれ
た　6. 来る、知らせて　7. 食べていた、いたく　8. ない　9. わかい、
旅行した　10. ひまな、読ん、あそん

V　A. 1　B. 3　C. 2

Lesson 13

I　1. 渡辺さんからの　プレゼントです。　2. はい、(チャンさんも) もら
いました。　3. バレンタインデーです。　4. いいえ、おくさんや
ガールフレンドが　食べるだろうと　言いました。

II　1. へ　2. で　3. から　4. に、から　5. て

III　1. どうして／なぜ　2. 何　3. どんな　4. 何

IV　1. 元気な　2. スミスさんの　物では　ない　3. 病気　4. まつりだっ
た、にぎやかだった　5. 持っていかなかった　6. とおらない
7. おいた　8. なれる　9. 動かなかった　10. よろこぶ

V　A. 3　B. 1　C. 3

Lesson 14

I　1. (すもうを　見ながら) やき鳥を　食べています。　2. スミスさんで
す。　3. ぎょうじです。　4. 黒い　着物を　着て、どひょうの　まわ
りに　すわっています。

II　1. が、が　2. が、の　3. の、が　4. を、の　5. の

III　1. どういう　2. いつ　3. 何　4. どういう

IV　1. 聞いて　2. 聞き　3. つりを　している、とおく　4. 出す　5. なく
6. できる　7. ふくざつ　8. し、うんてんする

V　1. でも　2. かならず　3. やっぱり　4. じつは

Lesson 15

I　1. 渡辺さんから　預かりました。　2. スポーツクラブで　わたしたい
と　思っています。　3. いいえ、山本さんに　会う　ことが　できま
せんでした。　4. はい、この　スポーツクラブの　会員です／はい、
そうです。

II　1. に、を　2. の、に　3. を、が、を、で、に　4. が、を、に

III　1. どう　2. いつ　3. だれ　4 どうして／なぜ

IV　1. 買う　2. そろって、初めて　3. のって、わるく　4. ひま、見
5. 使わない、すてた　6. つかれ、休んで　7. いそがしく　なかった、
買ってきて　8. めんどう、つくる　9. 雨だった　10. 行く、あげ
11. 重い、預かって

Lesson 16

I　1. ショールームの　せっけいの　図面を　送りました。　2. 来月中に

できあがると　言いました。　3. 6時までに　行けば　表の　入口か

ら　入る　ことが　できます。　4. 10時に　なると　閉まります。

  II　　1. か　2. に、ば、と　3. まで　4. の、で

  III　　1. いつ　2. どこ　3. どう

  IV　　1. 会えば　2. 書けば　3. 閉まれば　4. ふれば　5. 見えれば

6. 間に　あえば　7. おくれれば　8. けっこんすれば　9. 持ってくれば

10. なければ　11. めずらしければ　12. よければ

  V　　1. 休め、なる　2. のぼれ、見える　3. まがる　4. 飲む、楽しく

5. よけれ、うかがい　6. れんしゅうしなけれ、上手に　7. おす

8. ほしけれ、持ってき　9. たのめ、持ってくる　10. 考えれ、考える

  VI　　1. たしかに　2. できれば　3. さっそく

Lesson 17

  I　　1. 田中さん一家と　そばを　食べに　行きました。　2. 中村さんで

す。　3. いいえ、あいていませんでした。　4. 日本人の　どうりょう

や　友だちや　ぎょうしゃから　もらいました。　5. はい、うつくし

いと　思っています／はい、そう　思っています。

  II　　1. 何時　2. どう　3. どこ　4. いつ　5. だれ

  III　　1. かたくて、食べ　2. ふくざつで、わかり　3. べんりで、使い

4. いそがしくて、書く　5. きれいで

Lesson 18

  I　　1. 日本の　しゅうかんを　知らないので、そうだんしました。

2. 田中けい子さんに　送ろうと　思っています。　3. 5000円です。

4. 横浜に　住んでいます。

  II　　1. 話そう　2. 届けよう　3. 会おう　4. やめよう　5. つくろう

6. 歩こう　7. 別れよう　8. 払おう　9. 質問しよう　10. まとう

11. デートしよう　12. 持ってこよう

  III　　1. して、とろう、届かない　2 買う、買おう　3. 行ってこよう、出し

て　4. 別れた、会わない、会え　5. 始めよう、教えて

IV　A. 2　B. 3　C. 2　D. 1

Lesson 19

I　1. 自分で　本を　見ながら　えらべる　としょかんが　好きです。
2. はい、広くて　静かです。　3. てつづきを　すれば、借りられます。4. いいえ、借りられませんが、コピーを　たのめます。

II　1. でも　2. し、し　3. へ　4. から、まで、で　5. しか　6. から、を

III　1. まてます　2. 書けません　3. 話せます　4. 約束できません
5. 言えません　6. えらべます　7. うたえる　8. 会えない
9. わすれられない　10. 着られる　11. 持ってこられる　12. 休めない

IV　1. どのぐらい　2. いつ　3. どこ　4. どうして／なぜ

V　1. 止められません　2. 歩けません　3. 休めます
4. そつぎょうできます　5. 出かけられます　6. つくれます
7. 使えます　8. 食べられます　9. 入れません　10. 見られます

Lesson 20

1. さくらです。　2. 花見を　します。　3. 3月の　末ごろ　さきます。　4. うめの　ほうが　先に　さきます。　5. 5月の　初めごろ　さきます。　6. 日本れっとうを　南から　北へ　さくらの　花が　さいていく　様子を　線で　表した　ものです。　7. いいえ、こうよう　前線は　北から　南へ　すすみます。

JAPANESE-ENGLISH GLOSSARY

あいさつ greeting, address, 39
あか／赤 crimson, scarlet, 226
あかるい bright, 21, 56
あきらめる give up, be resigned, 208
あく be vacant, be empty,
  (be) open, 128
あげる／上げる raise, 79
あし／足 leg, foot, 68
あずかる／預かる take care of, keep, 141
あずける／預ける deposit, entrust, 167
　〜ば／〜ければ if, 178
あそぶ play, 33
あたたかい warm, 56
あたまがいい bright, clever, 21
あつめる gather, collect, assemble, 159
あと／後 rest, 63
あとで／後で later, afterward, 99
アナウンス announcement, 153
あのお er, 28
アパート apartment, 56
あびる bathe, 34
あぶない dangerous, 120
あまり not very, 198
あめ／雨 rain, 89
あら Oh! (women's speech), 99
あらう／洗う wash, 34
あらわす／表す show, express, 226
あんしん／安心 peace of mind; あんしんす
　る／安心する be relieved/ relaxed, 39
あんぜん／安全 safe, 120
あんない guidance; あんないする show
  around, 28

いえ／家 house, home, 86
いき／行き going, 7
〜いき／行 bound for, 93
いくつ how old (for a person), 58
いけばな／生け花 flower arranging, 34
（〜ては）いけない must not 99
いじょう more than, 86
いそぐ／急ぐ hurry, 33

いただきます (phrase used before eating), 133
いただく accept, receive (politer than もらう), 147
いちにち／一日 (in) a day, 10
いちねんじゅう／一年中 all year round, 28
いちばん／一番 most, number one, 7
いっか／一家 family, household, 191
いっしょうけんめい as hard as one can, 59
いってまいります good-bye, 99
いつでも any-/sometime, 135
いってらっしゃい good-bye, 99
いっぱい full, 146
いつも always, 153
いぬ／犬 dog, 171
いまのうちに／今のうちに right away, before
  it's too late, 62
いみ／意味 meaning, 214
いや（な）horrible, nasty, unwelcome, 198
いらい request, commission, 178
いらっしゃる (polite form of くる／来る,
　いく／行く, いる), 167
いる need, 104
いれる／入れる put in, 184
いろ／色 color, 62
いろはかえで a species of maple, 227
いんさつ printing, 192
インストラクター instructor, 28

ウィスキー whiskey, 57
ウール wool, 16
うかがう visit, ask (polite), 178
うける／受ける take (an examination), receive,
  undergo, have, 99
うごきまわる／動き回る move around, 153
うごく／動く run, move, operate, 89
うしろ／後ろ back, 15
うた song; うたう sing, 33
うちきん／内金 deposit, partial payment, 128
うちの our, 49
うちゅう universe; うちゅうひこうし
  astronaut, 56
うつくしい beautiful, 192

うま horse, 16

うまれる／生まれる be born, 121

うめ apricot, Japanese plum, 226

うら back, reverse (side); うらぐち／うら口 back entrance, 178

うりきれ／売りきれ sold out, 86

うれしい delighted, happy, 141

うんてん driving; うんてんする drive, 33

うんどう exercise; うんどうする exercise, 171

え Oh dear (excalamation of surprise), 141

えいかいわ／英会話 spoken English, 121

ええと let me see, 160

えきいん／駅員 station employee, 15

えどじだい／江戸時代 Edo period, 111

えらい important, illustrious, eminent, 154

えらぶ choose, 80

えんそう performance, recital; えんそうする perform, 192

えんぴつ pencil, 104

えんりょ reserve, restraint, diffidence; えんりょなく without hesitation/reserve, 147

おいくつ how old (for a person), 58

おおい／多い many, much, 86

おおぜい hordes/lots of people, 86

オートバイ motorcycle, 219

オービー OB (old boy), alumnus/i, 153

おおみそか last day of year, 191

おかあさま／お母さま (someone else's) mother (polite), 121

おかえりなさい welcome home, 105

おかげさまで Thank you, 68

おかしい strange, funny, 203

おきゃくさん client, guest, visitor, 91

おきる／起きる get up, wake up, 21; happen, occur, 146

おく put, set up, 44

おくさま (someone else's) wife (polite), 111

おくりもの／おくり物 gift, 141

おくる send (a present), 203

おくる／送る take, see/send off, escort, 185

おくれる be late, 104

おこさん／お子さん (someone else's) child (ren), 58

おさきにしつれいします／お先にしつれい

しします good-bye, 63

おしゃべりする chat, 79

おしょうがつ／お正月 New Year's, 198

おす push, 184

おすきなもの／お好きな物 thing(s) you like, 28

おせわになる／お世話になる be under the care of, be indebted to, 141

おそうしき funeral, 134

おそれいります excuse me, be sorry (polite), 128

おだいじに／お大事に Take care of yourself, 63

おちる drop, fall, 22; fail, 159

おっと husband, 184

おと sound, 184

おとす lose, drop, 22

おとどけ／お届け delivery, 203

おとどけさき／お届け先 consignee, destination, 203

おととし year before last, 116

おとな／大人 adult, 93

おどろく be surprised, 159

おなじ／同じ same, 141

おはなみ／お花見 (cherry) blossom viewing, 225

おべんとう box lunch, 34

おぼえる remember, memorize, 207

おぼん／お盆 O-Bon (midsummer festival), 86

おみやげ souvenir, 133

おめでとうございます congratulations, 203

おもい／重い heavy, 79

おもう／思う think, 86

おもて／表 front, face, surface, 178

およぐ swim, 28

おろす withdraw, 104

おんすい warm water; おんすいプール heated (swimming) pool, 28

か or (particle), 63

か／火 Tuesday, 34

～か／課 lesson (counter), 79

か／課 section, 49

カード credit card, 99; greeting card, 141

ガールフレンド girlfriend, 141

～がわ side, 178

かい／回 time(s) (counter), 34

かいいん／会員 club/society member, 167

かいかび／開花日 day of blooming, 227

がいこくご／外国語 foreign language, 219

かいわ／会話 conversation, 121
かえり／帰り coming back, returning, 7
かえる change, 49
かお face, 62
かおいろ complexion, 62
かかり／係 person in charge, 128
かきとめ registered mail, 99
かくち／各地 all over, various districts, 192
かける call, 16; wear, put on (glasses), 79
かご cage, basket, 111
かしこまりました certainly, 128
かしや／かし屋 confectioner, confectionary, 142
かす lend, 80
〜かた／方 way, how to, 50
かぜ a cold; かぜをひく catch a cold, 56
かぜ wind, 197
かたい hard, 183
かたづける put away, tidy up, 81
かちょう／課長 section chief, 80
がっかり be disappointed, 159
かならず be sure to, certainly, 128
がまんする endure, be patient, 105
かみ hair, 21
かみ／紙 paper, 15
がめん／画面 screen, 50
かもしれません may be, 141
かよう／火曜 Tuesday, 67
から empty, 194
（〜て）から after, 50
から . . . にかけて from . . . to, 226
カラオケ karaoke, 146
からだ／体 body, health, 120; からだにいい／
　体にいい good for the health, 122
〜かり（がり）excursion, hunting, 226
かりる／借りる borrow, rent, 146
かるい light, 56
かれ he, 79
かわ leather, 22
かわ／川 river, creek, stream, 111
かわいい cute, 171
かわる change, 104
がん cancer, 184
かんがえる／考える think, consider, 33
かんごふ nurse, 92
かんたん simple, easy, 50
がんばる try hard, 207

き／気 feeling; きにいりました／気に入りま
　した was/is satisfactory, 28
きいろ／黄色 yellow, 226
きえる go out, be extinguished, put out, 184
きおん (air) temperature, 225
きかい machine, equipment, 146
きかい opportunity, occasion, 122
きかん system, 7
きぎ／木々 trees, 226
きこえる／聞こえる can hear, be audible, 153
きせい homecoming; きせいする return to
　one's home/birthplace, 86
きせつ season, 226
きた／北 north, 11
きたない dirty, 56
きぬ silk, 57
きふ donation, contribution; きふする donate,
　contribute, 172
きみ you (informal men's speech), 198
きめる／決める decide, 49
きもち／気持ち feeling, 192
きもの／着物 kimono, 153
きゅうに／急に suddenly, 121
きゅうりょう salary, 184
ぎょうじ sumo referee, 153
ぎょうしゃ contractor, supplier, trader,
　businessman, 178
きょうじゅ professor, 21
きょうじゅうに／今日中に within today, 16
きょうみ interest; （に）きょうみがある be
　interested in, 111
きらい（な）dislike, unlike, 146
ギリチョコ giri chocolate; ぎり (sense of)
　obligation, 141
きる cut, 79
きる／着る wear, put on, 44
きんこ strong box, safe, vault, 197
きんじょ／近所 neighborhood, 192

ぐあい condition, 120
クーラー air conditioner, 104
くさい smelly, 197
くじ lottery, 192
くに home town, birthplace, country, 86
くもり cloudy, 191
クラス class, 34
クラブ club, 28

サマーコース summer course, 99
さむらい samurai, 191
さようなら good-bye, 133
サラリーマン white-collar (salaried) worker, 192
さわがしい uproarious, noisy, 191
〜さん／山 Mount (with names), 44

し and, moreover, 50
じ／字 (hand) writing, character, letter, 191
しお salt, 207
しか...ない only, 214
しけん／試験 examination, test, 57
じこ accident, 146
じしん earthquake, 134
システム system; システムぶ／システム部
　systems department, 50
しぜん nature, 111
じだい／時代 period, 111
じだいげき period drama, 191
じつは as a matter of fact, in fact, actually, 141
しっぱい failure, mistake; しっぱいする
　fail, 207
しつもん／質問 question, 183
してい appointment, designation, specification;
　していけん reserved ticket, 86
してん／支店 branch (office/store), 39
じてんしゃ bicycle, 219
しない／市内 within a city, 39
しぬ die, 33
しばい play, 92
しはらい／支払い payment, 99
じぶん／自分 oneself; じぶんで／自分で by
　oneself, 80
しま stripe, 16
しまぐに island country, 225
しまる／閉まる be closed, 178
じむしつ clerks' office, 16
じむしょ office, 73
〜しゃ／者 person, 146
しゃちょう／社長 president of a company, 10
シャツ shirt, 57
ジャッジ judge, 153
しゃりょう／車りょう car, vehicle, 15
シャワー shower; シャワーをあびる take a
　shower, 34
しゅうかい gathering, assembly, 91

しゅうかん custom, habit, 141
しゅうかんし weekly magazine, 67
じゅうたい congestion, traffic jam, 86
じゅうどう judo, 44
じゅうぶん／十分 enough, 208
じゅぎょう instruction, lesson; じゅぎょうり
　ょう／じゅぎょう料 tuition, 99
しゅくだい homework, 159
しゅしょう prime minister, 91
しゅじん／主人 proprietor, 111
しゅっせき attendance; しゅっせきする
　attend, 79
しゅっちょう／出張 business/official trip, 39;
　しゅっちょうする／出張する take a
　business trip, 117
しゅっぱつ／出発 departure; しゅっぱつす
　る／出発する leave, 74
じゅんび preparation, 208
しょ／所 office, bureau, 197
しよう／使用 using, use, application, 111
〜じょう letter, 120
しょうかいする introduce, 172
〜しょく／食 meal (counter), 128
しょうがつ／正月 New Year's, 198
しょうがっこう／小学校 elementary school, 121
じょうし superior, 141
〜じゅう／中 throughout, 28, 171
しょうしゃ／商社 trading company, 116
じょうじゅん first third of the month, 226
しょうたい invitation; しょうたいじょう
　invitation card/letter, 120
じょうだん joke; じょうだんをいう／じょう
　だんを言う, crack a joke, 159
しょうらい future, 207
ショー show, 191
ショールーム showroom, 178
〜しょ／書 book, document, note, 28
しょくば workplace, 141
じょせい／女性 woman, female, 141
しょにち／初日 first/opening day, 153
しょるい document, 57
しらせる／知らせる inform, 67
しらないひと／知らない人 stranger, 79
しりょう papers, documents, 81
しる soup, 56
しろ／白 white (ness), 16

たしかに certainly, 167
たしかめる make sure, 135
だす／出す mail, 56
たすかる be relieved, be saved, 219
たずねる visit, 56
ただいま I'm back!, I'm home!, 105
たつ／立つ stand up, 79
たった only; たったひとつ／たった一つ one only, 111
たのしむ／楽しむ enjoy, 226
たのむ request, 63
たぶん probably, perhaps, 89
たまに once in a while, 80
だめ not good, 105
～たら when, if, 167
たりる be enough, 134
～たり do X, Y, etc., 39
だれか someone, anyone, 73
だれでも anyone, everyone, someone, 213
だろう (plain form of でしょう), 141
(の) だろうか I wonder, 192
タワー tower, 160
ダンス dance, dancing, 197
だんせい／男性 male, man, 141
たんとうしゃ person in charge, 146

ちかづく／近づく approach, 225
ちきゅう earth, globe, 10
チャンネル channel, 191
～ちゅう／中 within, 16
ちゅうかりょうり Chinese cooking, 67
ちゅうし／中止 discontinuance, interruption, 135
ちゅうじゅん／中じゅん second third of month, 226
ちゅうしょく／昼食 lunch, 73
チョコレート chocolate, 141

つうこうにん／つうこう人 passerby, 93
つうやく interpreter, translator, 173
つかいかた／使い方 way of using, 50
つかれる get tired, 133
つき／月 moon, 10
～つき／付き included, attached, with, 128, 192
つぎつぎに one after another, in order, 191
つくる cook, prepare, make, 34
つける／付ける include, 203

つたえる give, convey, impart, 111
つつじ azalea, 226
って (informal for というのは／と言うのは); ってなんですか／って何ですか What do you/does it mean?, 141
つま (one's own) wife, 80
つまらない trifling, worthless, 147
つめたい cold, cool, chilled, 120
つもり intention, purpose, 203
つよい／強い strong, 56
つり fishing; つりをする fish, 45
つれる take, bring, be accompanied by; つれていく take (a person), 207

て／手 hand, arm, 34; てをかす／手をかす, lend a hand, 80; てにとる／手にとる, get, take in one's hands, 213
ていれ／手入れ care, trimming, mending, 92
デート date, 146
でかける／出かける go out, 34
～てき like, resembling, 111
できあがり be finished/ready/done, 178
(こどもが) できる have a baby, became pregnant, 207; (じかん／時間が) できる find spare time, 207
てきとう (な) suitable, appropriate, 92
でございます (polite for です), 122
デザイナー designer, 207
ですから therefore (same as だから), 226
てつだい help, assistance, 219; てつだう help, 207
てつづき formality, procedure, 214
でてくる／出てくる come out, appear, 171
テニスコート tennis court, 28
でも any, 28
でも let's say, for example, 153
でも though, 6
でもいい all right, 99
でる／出る graduate, leave, 56; attend, 92; participate, 208
てんぷら tempura, 10
でんわ／電話 telephone, 16
でんわがとおい／電話がとおい I can't hear (you), 160

と when, 178

はく put on, wear (shoes, pants, etc.), 197
〜はく night (counter), 128
はこぶ carry, transport, 79
はじまる／始まる start, 62
はじめ／初め beginning, first, 226
はじめて／初めて for the first time, 6
はじめる／始める begin, start, 28
はしる run, 159
パスポート passport, 104
パソコン personal computer, 146
はたらく work, 10
〜はつ／発 departure, 93
はっきり clearly, 183
はつげん／発言 view, observation, utterance;
　　はつげんけん／発言権 right to say one's
　　views, 154
はっぴょう／発表 announcement; はっぴょう
　　する／発表する announce, publicize, 67
はで (な) flashy, gorgeous, 153
はなす／話す talk, speak, tell, 33
はなたば／花束 bouquet, 57
はなみ／花見 (cherry) blossom viewing, 225
はやい／早い fast, 7; early, 21
はやめに／早めに early, 73
ばら rose, 134
はらう／払う pay, 67
はる／春 spring, 180
はれ fair, clear, 191
はれる clear up, 205
バレンタインデー Valentine's Day, 141
はんこ seal, 104
ハンサム handsome, 56
〜ばんせん／〜番線 (counter for tracks), 93
はんたい opposite, reverse; はんたいがわ
　　opposite side, 178
はんぶん／半分 half, 171
〜ばんめ／番め (counter for ordinal numbers), 15

ピアニスト pianist, 56
ピアノ piano, 121
ピーク peak, 7
ヒーター heater, 56
ひく pull, 184; consult, look up in, 197; play (a
　　musical instrument), 160
ビザ visa, 104
ひっこす move (house), 56

ひつよう necessary, 91
ビデオ video, 45
ひとびと／人々 people, 225
〜びょう second (counter), 219
びょうき／病気 sickness, 56
ひろい／広い spacious, wide, 11
ひろう find, pick up, 22
びんぼう poor, 56

ぶ／部 department, division; ぶちょう／部長
　　department head, division chief, 19
ファックス facsimile, 10
ふうふ husband and wife, 79
ふうふげんか marital disagreement, 79
プール pool, 28
フェリー ferry, 172
ふえる proliferate, increase, 111
ふくざつ complicated, 21
ふくろ bag, 15
ふじん Mrs., lady, woman, 184
ぶたにく／ぶた肉 pork, 219
ふだん ordinarily, 191
ふで brush, 192
ふべん inconvenient, 21
ふゆ winter, 53
ふゆもの winter goods/wear, 53
フラワーショー flower show, 184
ふりこむ transfer, 99
ふる fall, 76
プレゼント present, 141
プロジェクト project, 62
〜ふん／分 portion, share, 99

へい fence, wall, 191
へいじつ weekday, 219
へた／下手 poor, unskillful, 191
べつ／別 some other (thing), 63; (な／の) extra,
　　distinctive, 128
ベビーシッター baby sitter, 184
へん neighborhood, vicinity, 172
べんきょうする／勉強する study, 7
へんじ reply, answer, 159
べんとう box lunch, 34

ほう oh, 49
ぼうえき trading, 111

ゆうびん mail, 99
ユーフォー UFO, 44
ゆうべ／夕べ last night/evening, 21
ゆき snow; ゆきがふる it snows, 76

よう way, manner, 26
ようじ／用事 work, business, 63
ようす state, circumstance, appearance, 226
よく much, a great deal, 10
よごれる be/become dirty, 192
よそく prediction, estimate; よそくする predict, 225
よてい／予定 plan, schedule, 134
よなか／夜中 middle of the night, midnight, 159
よびこう／よび校 preparatory school, 99
よぶ call, invite, 33
よやくがかり／予約係 reservation clerk, 128
より than, 6
よる stop by, drop in, 68
よる／夜 night, 191
よろこぶ be happy, be pleased, 142
よろしい all right, 203; よろしく properly, well, at one's discretion, 178

ラッシュ rush, 86; ラッシュアワー rush hour, 192
ラブレター love letter, 141

りきし sumo wrestler, 153
リサーチ research, 91
りよう／利用 use; りようする／利用する make use of, take advantage of, 183
～りょう／料 fee, charge, 99
りょうきん／料金 charge, fee, 128
りょうてい Japanese restaurant, teahouse, 111
りょうり food; りょうりする cook, 207
りょかん／旅館 inn, 111

るす be out/away, 172

レッスン lesson, 79

れっとう archipelago, 226
レバー lever, 184
れんしゅう practice; れんしゅうする practice, 44
れんらく contact, communication, connection; れんらくする contact, 117

ろんぶん paper, thesis, 133

ワープロ word processor, 49
わかい young, 21
わかれる／別れる part, split up, 133
わざわざ especially; わざわざする go to the trouble of, 99
わすれもの forgotten or lost article, 15
わすれる forget, 15
わたす hand (over), 105
わらう laugh, smile, 80

ENGLISH-JAPANESE GLOSSARY

introduce しょうかいする 172

invitation しょうたい 120

Japanese plum うめ 226

join はいる／入る 146

joke じょうだん 159

karaoke カラオケ 146

keep (promise) まもる 80

last night ゆうべ／夕べ 21

(be) late おくれる 104

later あとで／後で 99

laugh わらう 80

learn ならう／習う 28

leave しゅっぱつする／出発する 74

leg あし／足 68

lend かす 80

lesson レッスン 79

life せいかつ 135

light かるい 56

like きにいる／気に入る 28

line せん／線 226

little by little すこしずつ／少しずつ 135

long ながい／長い 21

look after あずかる／預かる 141

look for さがす 173

look up in ひく 197

lose weight やせる 146

(be) lost なくなる 121

lots of people おおぜい 86

lottery くじ 192

lunch ちゅうしょく／昼食 73

machine きかい 146, マシーン 28

mail (てがみを) だす／(手紙を) 出す 56,
　ゆうびん 99

make つくる 34

make sure たしかめる 135

male だんせい／男性 141

many おおい／多い 86

maple もみじ 226

matriculation fee にゅうがくきん／入学金 99

meaning いみ／意味 214

memorize おぼえる 207

meter メートル 219

middle まんなか／まん中 10

midnight よなか／夜中 159

minister だいじん 91

moon つき／月 10

more もっと 62

moreover それに 116

most いちばん／一番 7

motorcycle オートバイ 219

mountain climbing やまのぼり 121

move うごく／動く 89

move (house) ひっこす 56

move around うごきまわる／動き回る 153

much よく 10, おおい／多い 86

musical ミュージカル 92

narrow せまい 56

nasty いや (な) 198

nature しぜん 111

near そば 172

necessary ひつよう (な) 91

need いる 104

neighborhood きんじょ／近所 192

new year しんねん／新年 192

New Year's おしょうがつ／お正月 198

next となり 92

night よる／夜 191

noisy さわがしい 191

north きた／北 11

not any/at all なかなか～ない 62

not good だめ (な) 105

not very あまり 198

nurse かんごふ 92

occur おきる／起きる 146

of course もちろん 213

office じむしょ 73

old むかし 171

oneself じぶん／自分 80

only たった 111

(be) open あく／開く 128

opportunity きかい 122

opposite はんたい 178

or か 63

ordinarily ふだん (は) 191

(be) out/away るす 172

outside そと／外 197

science サイエンス 116
screen がめん／画面 50
seal はんこ 104
season きせつ 226
seat ざせき 93
second 〜びょう／秒 219
section か／課 49
section chief かちょう／課長 80
send (a present) おくる 203
serious まじめ (な) 21
shirt シャツ 57
short みじかい 80
shower シャワー 34
showroom ショールーム 178
sickness びょうき／病気 56
side 〜がわ 178
sightseeing けんぶつ／見物 111
signature サイン 104
silk きぬ 57
simple かんたん (な) 50
sing うたう 33
sit すわる 44
sky そら／空 192
sleep ねる 34
sleepy ねむい 134
small せまい 56
smelly くさい 197
smile わらう 80
snow ゆき 76
so forth など 226
soap せっけん 159
sold out うりきれ／売りきれ 86
some other (thing) べつ／別 (な) 63
someone だれか 73
song うた 33
sound おと 184
south みなみ／南 111
souvenir おみやげ 133
spacious ひろい／広い 11
speak はなす／話す 33
special とくべつ／特別 203
specialty せんもん 116
sports スポーツ 9
spring はる／春 180
stand up たつ／立つ 79
start はじまる／始まる 62,
　　はじめる／始める 28

state ようす 225
station employee えきいん／駅員 15
station staff えきいん／駅員 15
stop by よる 70
stop とまる／止まる 68, やむ 135
stove ストーブ 67
strange おかしい 203
stranger しらないひと／知らない人 79
street みち 7
strike ストライキ 121
stripe しま 16
strong つよい／強い 56
study べんきょうする／勉強する 7
suddenly きゅうに／急に 121
suit スーツ 197
suitable てきとう (な) 92
(be) surprised おどろく 159
superior じょうし 141
swim およぐ 28
swimming すいえい 92
system システム 50

take (a person) つれる 207
take (an examination) うける 99
take off ぬぐ 33
talk はなす／話す 33
tall せがたかい／せが高い 21
tax ぜいきん／ぜい金 128
telephone でんわ／電話 16
temperature (air) きおん 225
tempura てんぷら 10
terrible すごい 6
therefore ですから 226
thesis ろんぶん 133
thing もの／物 28
think かんがえる／考える 33, おもう／思う 86
this morning けさ／今朝 6
though でも 6
throw away すてる 104
ticket けん 86
(be in/on) time まにあう／間にあう 185
(get) tired つかれる 133
tofu とうふ 44
toilet トイレ 79
tool どうぐ 79
tower タワー 160
trading ぼうえき 111

INDEX

チャン　新聞や雑誌も借りられますか。

大介　いいえ、本しか借りられません。でも、新聞や雑誌はコピーを頼めます。二、三分で行けますから、これから一緒に行きませんか。

人々は春にはお花見、秋には紅葉狩りなどをして、季節を楽しみます。

二十課　桜　前　線

桜前線という言葉を聞いたことがありますか。

日本の春を代表する花は何といっても桜でしょう。人々は春が近づくと、桜の咲く日を予測したり、友達とお花見に行く日を約束したりします。

ところで、日本は南から北へ長く延びている島国です。九州、四国、本州、北海道ではずいぶん気温の差がありますから、桜の咲く日も少しずつ異なっています。九州の南部では、三月の末ごろ咲きますが、北海道では五月の初めごろ咲きます。このように約四十日もかかって、日本列島を南から北へ花が咲いていく様子を線で表したものが桜前線です。

桜前線のほかに梅前線やつつじ前線などの花前線もあります。梅は桜よりずっと早く九州を出発しますが、北海道に着くのはだいたい桜と同じころです。ですから、五月の上旬から中旬にかけて北海道へ旅行すれば、一度に春の花が見られるのです。これとは反対に、秋になると、紅葉前線は山の木々を赤や黄色に染めながら、北から南へ進んでいきます。

十八課　花を送る

ジョンソン　鈴木さん、ちょっと。

鈴　木　何でしょう。

ジョンソン　日本の習慣を知らないので教えてくださいませんか。友達の誕生日に花をあげようと思うんですが、おかしくないですか。

鈴　木　女の人ですか。

ジョンソン　ええ。でも特別の友達ではないんですが・・・。

鈴　木　おかしくないですよ。大丈夫です。デートですか。いいですねえ。

ジョンソン　ううん、まあ。

ジョンソン　友達に花を送ろうと思うんですが、お願いできますか。

花　屋　はい。お届けですね。できます。何日のお届けでしょうか。

ジョンソン　あした届けてください。

花　屋　かしこまりました。

ジョンソン　このばらはいくらですか。

花　屋　一本二百五十円です。

ジョンソン　じゃ、これを二十本お願いします。誕生日のプレゼントにするつもりですから、このカードをつけて届けてくれませんか。

花　屋　はい。お届け先はどちらですか。

ジョンソン　横浜です。

花　屋　送料が五百円かかりますが、よろしいですか。

ジョンソン　ええ。じゃ、お願いします。

十九課　図書館

チャン　あれは何ですか。

大　介　図書館です。

チャン　だれでも利用できますか。

大　介　ええ、もちろんです。だれでも入れますよ。あそこは自分で本を手に取って見られますから、とても利用しやすいですよ。

チャン　それは、いいですね。僕はカードを見て選ぶのは苦手なんです。

大　介　でもチャンさんは漢字が読めるでしょう。

チャン　ええ、意味は分かります。でも僕は自分で本を見ながら選べる図書館が好きなんです。

大　介　ちょっと不便な所にあるけど、広いし静かだし、いいですよ。

チャン　本を借りたりコピーしたりすることもできますか。

大　介　ええ。手続きをすれば借りられます。僕も今二冊借りています。

十六課　早ければ早いほどいいです

山川　もしもし、林部長ですか。こちらは、M設計事務所の山川ですが、ご依頼のショールームの設計ができあがりました。

林　　ああ、さっきファックスで図面をいただきました。なかなかいいですね。

山川　何か問題はありませんか。来週から工事を始めれば、来月中にできあがります。

林　　そうですねえ。

山川　もし問題がなければ、早速始めたいと思いますが・・・。

林　　年末になると業者も忙しくなりますからね。

山川　ええ。早ければ早いほどいいと思うんですが・・・。

林　　すみませんが、始める前にちょっと相談したいことがあるんですが・・・。

山川　わかりました。そちらのご都合がよければ、これから伺います。

林　　できれば、そうしてください。六時になると表の入口は閉まります。反対側に回ると裏口がありますから、そこから入ってください。

山川　わかりました。

林　　裏口は十時まで開いています。じゃ、よろしくお願いします。

十七課　大みそかとお正月

十二月三十一日（水）晴れのち曇り

今日は大みそかだ。隣の大野さんのうちでは、朝から家族全員で掃除をしていた。みんなで塀や車や、そして犬まで洗っていた。

午後は日本語で年賀状を書いたが、字が下手だから読みにくいだろう。夕方、田中さん一家とそばを食べに行った。

夜はふだんはあまり見ないテレビを見た。チャンネルを次々に変えると、騒がしいショーや侍の時代劇をやっていた。三チャンネルではベートーベンの『第九』を演奏していた。先日、中村さんが「毎年、十二月になると日本各地で『第九』を演奏するんですよ」と言っていたが、おもしろい国だ。

一月一日（木）晴れ

日本で新年を迎えた。町は人も車も少なくて、たいへん静かだ。工場も会社も休みなので、いつもは汚れている東京の空が、今日はきれいで気持ちがいい。近所の店もスーパーもみんな休みだった。あのラッシュアワーのサラリーマンや学生はどこに行ったのだろうか。

日本人の同僚や友達から年賀状が届いた。業者からも来た。印刷のものが多いが、筆で書いたものもある。やはり美しい。もらった年賀状はほとんど全部くじ付きである。

スミス　ああ、ジャッジですね。

田中　ええ、でも黒い着物を着て、土俵の周りに座っているのが本当のジャッジですよ。あの人たちは力士のOBで、偉いんですよ。

スミス　じゃ、行司はジャッジではないんですか。

田中　ええ、実は決定権はないんです。

スミス　そうですか。ちょっと納得できませんね。

田中　でも発言権はありますよ。

スミス　それを聞いて安心しましたよ。

十五課　預かりもの

ブラウン　きのうスポーツクラブに行ったら山本さんに会いました。

渡辺　山本さん？　おとといここに来た山本さんですか。

ブラウン　ええ、彼もそこの会員だと言っていました。

渡辺　あっ、そうそう、山本さんが傘を忘れて帰りましたが、どうしましょうか。

ブラウン　私がその傘を預かりましょう。また会うかもしれませんから。今度スポーツクラブへ行く時、持っていきます。

渡辺　じゃ、これ、お願いします。

ブラウン　山本さんに会ったら渡します。もし会わなかったら受付に預けます。

受付　おはようございます。

ブラウン　おはようございます。山本太郎さんは今日来ますか。

受付　会員の山本様ですね。今日は山本様は夕方六時にいらっしゃいます。

ブラウン　そうですか。これ、山本さんの傘なんですが、六時に来るなら、今預けてもいいですか。

受付　はい、どうぞ。

ブラウン　じゃ、彼が来たら渡してください。

受付　はい、確かに。

スミス　わかりました。

十三課　ギリチョコって何ですか

チャン　ジョンソンさん、これ、渡辺さんからジョンソンさんへのプレゼントですよ。きのうジョンソンさんがいなかったので、僕が預かりました。カードもありますよ。

ジョンソン　どうもありがとう。渡辺さんからの贈り物、うれしいですね。

チャン　中身はチョコレートでしょう。

ジョンソン　開けたんですか。

チャン　カードはラブレターかもしれませんよ。

ジョンソン　えっ、読んだんですか。

チャン　ははは・・・。じつは僕も同じものをもらったんです。鈴木君ももらっただろうと思いますよ。

ジョンソン　えっ？　みんなもらったんですか。

チャン　ギリチョコですよ、ギリチョコ。

ジョンソン　ギリチョコって何ですか。

チャン　義理のチョコレートです。日本のバレンタインデーの習慣です。職場でもよく女性から男性の上司や同僚にチョコレートをプレゼントします。「いつもお世話になっています。これからもよろしく。まゆみ」

チャン　やっぱりギリチョコでした。

ジョンソン　残念でした。

ジョンソン　でも、ギリチョコって、でしょうか。

チャン　たぶん奥さんやガールフレンドが食べるんでしょう。

ジョンソン　じゃ、喜ぶ人は女性と菓子屋ですね。

チャン　ギリチョコをたくさんもらった人はどうするんでしょうか。

十四課　行司の権限

スミス　わあ、すごい人ですね。

田中　相撲の初日はいつも満員です。人がたくさんいて、リンダさんや奥さんがよく見えませんね。

スミス　あ、あそこにいました。ほら、相撲を見ながら焼き鳥を食べているのが見えますよ。

田中　さあ、私たちもあそこへ行って、ビールでも飲みながら座って見ましょう。

スミス　ええ、でもこの取り組みが終わるまでここでいいです。うるさくてアナウンスがよく聞こえませんが、土俵の上にいるのは？

田中　富士の嶺と桜籠です。

スミス　派手な着物を着て、土俵の上で動き回っているのはどういう人ですか。

田中　あれは行司です。

十一課　面接

林　中村さんはおととし大学を卒業したんですか。

中村　はい。卒業してから商社に勤めていました。

林　なぜ辞めたんですか。

中村　私の専門の仕事ができませんでしたから、おもしろくなかったんです。

林　どうしてこの会社を選んだんですか。

中村　こちらではコンピューターを使う仕事が多いと聞いたからです。私は大学でコンピューターサイエンスを勉強していました。この会社では私の好きな仕事ができると思ったんです。

林　会社に入ってから一か月研修しなければならないことを知っていますか。

中村　ええ、知っています。

林　それに外国に出張することも多いですよ。

中村　はい、大丈夫です。

林　そうですか。では結果は後で連絡します。

十二課　旅館の予約

予約係り　みやこ旅館でございます。

スミス　もしもし、来月の四日と五日に予約をお願いしたいんですが、部屋は空いていますか。

予約係り　はい、ございます。何名様ですか。

スミス　二人です。いくらですか。

予約係り　一泊二食付きで、お一人一万八千円でございます。税金とサービス料は別でございます。

スミス　はい、じゃ、それでお願いします。

予約係り　お名前とお電話番号をどうぞ。

スミス　スミスと言います。電話番号は東京〇三ー三四〇五ー三六三六です。そちらは京都の駅から近いですか。

予約係り　駅から車で十分ぐらいです。駅までお迎えに行きますが・・・

スミス　じゃ、駅に着いた時、電話をしますから、よろしくお願いします。

予約係り　はい、かしこまりました。ご到着は何時ごろですか。

スミス　四時ごろです。

予約係り　はい、わかりました。八時より遅くなる場合は、必ずご連絡ください。

スミス　はい。それで、料金はいつ払いましょうか。

予約係り　恐れ入りますが、料金はいつ払いましょうか。

予約係り　恐れ入りますが、内金として一万八千円お送りください。

九課　予備校

けい子　あら、ジョンソンさん。

ジョンソン　あ、けい子さん、お出かけですか。

けい子　ええ、これから出かけなければなりません。

ジョンソン　今すぐですか。

けい子　ごめんなさい。今日中に予備校の申し込みをしなければなりませんから。

ジョンソン　予備校？

けい子　ええ。一番入りたかった大学に合格できませんでしたから、来年また試験を受けます。

ジョンソン　そうですか。じゃ、行ってらっしゃい。

けい子　行ってまいります。

＊

けい子　申し込みの書類はこれでいいですか。これ、入学金と三か月分の授業料です。それからサマーコースも申し込みたいと思いますが、後で郵便で申し込んではいけませんか。

窓口の人　郵便でもいいですよ。支払いもわざわざここまで来なくてもいいですよ。銀行に振り込んでください。

けい子　現金書留でもいいですか。

窓口の人　はい、どちらでも結構です。

十課　九州旅行

田中一郎様

ごぶさたしていますが、お元気ですか。

私は今、家族と一緒に九州に来ています。すばらしい眺めでした。きのう、前から行きたかった阿蘇山に行きました。

私たちが泊まっている旅館の庭で夕べほたるを見たことはありますが、自然のほたるは初めてです。ほたるを見ながら旅館の主人と話しました。主人は農薬の使用をやめてから、川がきれいになって、ほたるが増えたと言っていました。

あさって、私たちはここを出て、熊本市内を見物した後、長崎へ行きます。長崎は江戸時代の日本のたった一つの貿易港で、そのころは日本の中で一番国際的な町だったと雑誌で読んだことがあります。家内は日本の歴史に興味がありますから、とても楽しみにしています。

南九州にも行きたいと思いますが、来週木曜日にアメリカ本社から社長が来ますから、それまでに東京に帰らなければなりません。奥様にもどうぞぞろしくお伝えください。

前に、東京の料亭でかごの中のほたるを見たことはありますが、

七月三十日

ジョン・ブラウン

七課　空港へ迎えに行く

加藤　あしたはジョンソンさんが日本に来る日ですね。

鈴木　ええ、そうです。

加藤　だれか成田空港まで迎えに行ってくれませんか。

鈴木　私が行きます。時間がありますから。

加藤　今朝頼んだ仕事は今日中に終わりますか。

鈴木　はい、できます。

加藤　じゃ、お願いします。ところで、ジョンソンさんを知っていますか。

鈴木　ロンドンの事務所にいた人ですね。

加藤　ええ。

鈴木　写真で見たことがあります。

加藤　成田空港に着く時間は十四時五十分です。飛行機は早く着くこともありますから、早めに昼食を済ませて出発してください。

鈴木　はい。ジョンソンさんの泊まるホテルはどこですか。

加藤　渡辺さんが知っていますから、渡辺さんに聞いてください。

鈴木　はい。

八課　お　盆

チャン　八月の十日ごろ京都へ遊びに行きたいと思いますが、新幹線と飛行機とどちらが便利ですか。

加藤　新幹線のほうが便利だと思いますよ。でも新幹線の指定券はもうないと思います。飛行機の切符もたぶん売り切れでしょう。

チャン　どうしてですか。

加藤　八月の中ごろはお盆で、国へ帰る人が大勢います。十日ごろから、この帰省ラッシュが始まりますから、旅行はやめたほうがいいですよ。

チャン　そうですか。じゃ、京都まで車でどのぐらいかかりますか。

加藤　十時間以上かかると思いますよ。鈴木君は去年は車で行きましたが、すごい渋滞だったと言っていました。

チャン　鈴木君も十日に京都の家に帰ると聞きましたが・・・。

加藤　ええ、彼は一か月前に切符を買ったと言っていました。

チャン　日本は人も車も多いですからね。ラッシュのない所へ行きたいですねえ。

加藤　ラッシュのない所がありますよ。

チャン　どこですか。

加藤　どこだと思いますか。お盆のころの東京ですよ。

チャン　なるほど。

五課　新しいワープロ

林　ワープロのカタログがたくさんありますね。

チャン　ええ、きのうセールスの人がくれました。うちの課のワープロが古くなりましたから、新しいのに変えたいです。

林　ほう、どれにしますか。

チャン　A社の45Sが安くなりましたが、まだ決めていません。

林　ところで、システム部の小川さんに話しましたか。

チャン　いいえ、まだ話していません。

林　ちょっとまずいですね。まず小川さんと相談してから決めてください。

チャン　わかりました。

鈴木　あ、新しいワープロが来ましたね。

チャン　ええ。これは使い方が簡単ですし、画面も大きいですし、いいですよ。

鈴木　ぼくもこんなワープロがほしいなあ。

六課　早退

加藤　顔色がよくありませんね。風邪ですか。

チャン　ええ、おととい医者に行って薬をもらってきましたが、なかなかよくなりません。今朝は熱が三十八度ありました。

加藤　それじゃ、早くうちに帰って休んだほうがいいですよ。

チャン　でも、このプロジェクトが始まったばかりですから・・・。

加藤　無理をしないほうがいいですよ。来週はもっと忙しくなりますから、今のうちに治したほうがいいですよ。

チャン　それでは申し訳ありませんが、鈴木君か木村君に後をよく頼んでから、帰ります。

加藤　鈴木君にはさっき別の用事を頼みましたから、木村君のほうがいいですよ。

チャン　わかりました。では、お先に失礼します。

加藤　お大事に。

三課　スポーツクラブで

ブラウン　あのう、ちょっとお願いします。こちらのスポーツクラブに申し込みをする前に、中を見ることができますか。

クラブの人　はい。失礼ですが、どちら様でしょうか。

ブラウン　ブラウンです。

クラブの人　ブラウン様ですか。では、ご案内しましょう。

ブラウン　とても広くてきれいな所ですね。

クラブの人　こちらのテニスコートにはコーチがいますから、コーチに習うこともできます。こちらは温水プールで、一年中泳ぐことができます。

ブラウン　こちらではみんないろいろなマシーンを使っていますね。

クラブの人　ええ。どれでもお好きなものを使うことができますが、始める前にインストラクターにご相談ください。

ブラウン　ええ、そうします。

クラブの人　いかがでしたか。

ブラウン　とても気に入りました。申込書がありますか。

クラブの人　はい。こちらにお名前とご住所をお書きください。

四課　出張

木村　ブラウンさん、出張ですか。

ブラウン　ええ、あしたから札幌支店に出張です。木村さんは北海道に行ったことがありますか。

木村　ええ、学生のころ一度北海道へ旅行に行ったことがあります。車で北海道を回りました。

ブラウン　札幌はどんな所ですか。

木村　札幌の町はにぎやかで、なかなかおもしろいですよ。ブラウンさんは初めてですか。

ブラウン　ええ、写真を見たことはありますが、行ったことはありません。

木村　一人で出張ですか。

ブラウン　加藤さんも一緒です。二人で札幌市内の取引先を回ったり、銀行にあいさつに行ったりします。

木村　加藤さんは住んでいたことがありますから、札幌をよく知っていますよ。

ブラウン　そうですか。安心しました。

一課　通勤ラッシュ

チャン　今朝初めて電車で会社に来ました。とても込んでいました。すごかったですよ。

スミス　でも電車のほうが車より速いですよ。道が込んでいますから。

チャン　スミスさんは毎日何で会社に来ますか。

スミス　私は行きも帰りも地下鉄です。東京の交通機関の中で地下鉄が一番便利ですよ。

チャン　地下鉄は朝も夕方も込んでいますか。

スミス　ええ。でも朝のほうが夕方より込んでいますよ。朝の八時半ごろがピークですから、私は毎朝七時にうちを出ます。

チャン　その時間はすいていますか。

スミス　ええ、七時ごろは八時ごろよりすいています。私は毎朝地下鉄の中で日本語を勉強しています。

チャン　そうですか。

二課　忘れ物

チャン　すみません。

駅員　はい、何でしょうか。

チャン　忘れ物をしました。

駅員　どの電車ですか。

チャン　二十分ぐらい前の電車で、後ろから二番目の車両です。

駅員　何を忘れましたか。

チャン　黒くて大きい紙の袋です。

駅員　中身は何ですか。詳しく説明してください。

チャン　マフラーとセーターです。マフラーはウールで、黒と白のしまの模様です。セーターは赤くて、胸に馬の模様があります。

駅員　今東京駅に電話をかけて聞きますから、ちょっと待ってください。

チャン　すみません。

駅員　ありました。東京駅の事務室に届いていますから、今日中に取りに行ってください。

コミュニケーションのための日本語　第2巻　かな版テキスト
JAPANESE FOR BUSY PEOPLE II　Kana Version

1996年11月　第 1 刷発行
2002年12月　第 7 刷発行

著　者　社団法人　国際日本語普及協会

発行者　畑野文夫

発行所　講談社インターナショナル株式会社
　　　　〒112-8652 東京都文京区音羽 1-17-14
　　　　電話　03-3944-6493（編集部）
　　　　　　　03-3944-6492（営業部・業務部）
　　　　ホームページ　http://www.kodansha-intl.co.jp

印刷所　大日本印刷株式会社

製本所　大日本印刷株式会社

KODANSHA INTERNATIONAL DICTIONARIES

Easy-to-use dictionaries designed for non-native learners of Japanese.

KODANSHA'S FURIGANA JAPANESE DICTIONARY
JAPANESE-ENGLISH / ENGLISH-JAPANESE　ふりがな和英・英和辞典

Both of Kodansha's popular furigana dictionaries in one portable, affordable volume. A truly comprehensive and practical dictionary for English-speaking learners, and an invaluable guide to using the Japanese language.
• 30,000-word basic vocabulary　• Hundreds of special words, names, and phrases
• Clear explanations of semantic and usage differences　• Special information on grammar and usage
Hardcover, 1318 pages; ISBN 4-7700-2480-0

KODANSHA'S FURIGANA JAPANESE-ENGLISH DICTIONARY
新装版 ふりがな和英辞典

The essential dictionary for all students of Japanese.
• Furigana readings added to all *kanji*　• 16,000-word basic vocabulary
Paperback, 592 pages; ISBN 4-7700-2750-8

KODANSHA'S FURIGANA ENGLISH-JAPANESE DICTIONARY
新装版 ふりがな英和辞典

The companion to the essential dictionary for all students of Japanese.
• Furigana readings added to all *kanji*　• 14,000-word basic vocabulary
Paperback, 728 pages; ISBN 4-7700-2751-6

KODANSHA'S ROMANIZED JAPANESE-ENGLISH DICTIONARY
新装版 ローマ字和英辞典

A portable reference written for beginning and intermediate students.
• 16,000-word basic vocabulary　• No knowledge of *kanji* necessary
Paperback, 688 pages; ISBN 4-7700-2753-2

KODANSHA'S CONCISE ROMANIZED JAPANESE-ENGLISH DICTIONARY
コンサイス版 ローマ字和英辞典

A first, basic dictionary for beginner students of Japanese.
• 10,000-word basic vocabulary　• Easy-to-find romanized entries listed in alphabetical order
• Definitions written for English-speaking users
• Sample sentences in romanized and standard Japanese script, followed by English translations
Paperback, 480 pages; ISBN 4-7700-2849-0

KODANSHA'S BASIC ENGLISH-JAPANESE DICTIONARY
日本語学習 基礎英日辞典

An annotated dictionary useful for both students and teachers.
• Over 4,500 headwords and 18,000 vocabulary items　• Examples and information on stylistic differences
• Appendices for technical terms, syntax and grammar
Paperback , 1520 pages; ISBN 4-7700-2895-4

THE MODERN ENGLISH-NIHONGO DICTIONARY
日本語学習 英日辞典

The first truly bilingual dictionary designed exclusively for non-native learners of Japanese.
• Over 6,000 headwords　• Both standard Japanese (with *furigana*) and romanized orthography
• Sample sentences provided for most entries　• Numerous explanatory notes and *kanji* guides
Vinyl flexibinding, 1200 pages; ISBN 4-7700-2148-8

KODANSHA INTERNATIONAL DICTIONARIES

Easy-to-use dictionaries designed for non-native learners of Japanese.

KODANSHA'S ELEMENTARY KANJI DICTIONARY

新装版 教育漢英熟語辞典

A first, basic *kanji* dictionary for non-native learners of Japanese.
• Complete guide to 1,006 *Shin-kyōiku kanji* • Over 10,000 common compounds
• Three indices for finding *kanji* • Compact, portable format • Functional, up-to-date, timely

Paperback, 576 pages; ISBN 4-7700-2752-4

KODANSHA'S ESSENTIAL KANJI DICTIONARY

新装版 常用漢英熟語辞典

A functional character dictionary that is both compact and comprehensive.
• Complete guide to the 1,945 essential *jōyō kanji* • 20,000 common compounds
• Three indices for finding *kanji*

Paperback , 928 pages; ISBN 4-7700-2891-1

THE KODANSHA KANJI LEARNER'S DICTIONARY

新装版 漢英学習字典

The perfect kanji tool for beginners to advanced learners.
• Revolutionary SKIP lookup method • Five lookup methods and three indices
• 2,230 entries and 41,000 meanings for 31,000 words

Paperback, 1060 pages (2-color); ISBN 4-7700-2855-5

KODANSHA'S EFFECTIVE JAPANESE USAGE DICTIONARY

新装版 日本語使い分け辞典

A concise, bilingual dictionary which clarifies the usage of frequently confused words and phrases.
• Explanations of 708 synonymous terms • Numerous example sentences

Paperback, 768 pages; ISBN 4-7700-2850-4

KODANSHA'S DICTIONARY OF BASIC JAPANESE IDIOMS

日本語イディオム辞典

All idioms are given in Japanese script and romanized text with English translations. There are approximately 880 entries, many of which have several senses.

Paperback, 672 pages; ISBN 4-7700-2797-4

A DICTIONARY OF JAPANESE PARTICLES

てにをは辞典

Treats over 100 particles in alphabetical order, providing sample sentences for each meaning.
• Meets students' needs from beginning to advanced levels
• Treats principal particle meanings as well as variants

Paperback, 368 pages; ISBN 4-7700-2352-9

A DICTIONARY OF BASIC JAPANESE SENTENCE PATTERNS

日本語基本文型辞典

Author of the best-selling All About Particles explains fifty of the most common, basic patterns and their variations, along with numerous contextual examples. Both a reference and a textbook for students at all levels.
• Formulas delineating basic pattern structure • Commentary on individual usages

Paperback, 320 pages; ISBN 4-7700-2608-0

JAPANESE LANGUAGE GUIDES

Easy-to-use guides to essential language skills

13 SECRETS FOR SPEAKING FLUENT JAPANESE

日本語をペラペラ話すための13の秘訣　*Giles Murray*

The most fun, rewarding, and universal techniques of successful learners of Japanese that anyone can put immediately to use. A unique and exciting alternative, full of lively commentaries, comical illustrations, and brain-teasing puzzles.

Paperback, 184 pages; ISBN 4-7700-2302-2

ALL ABOUT PARTICLES

新装版 助詞で変わるあなたの日本語　*Naoko Chino*

The most common and less common particles brought together and broken down into some 200 usages, with abundant sample sentences.

Paperback, 160 pages; ISBN 4-7700-2781-8

BEYOND POLITE JAPANESE: A Dictionary of Japanese Slang and Colloquialisms

新装版 役に立つ話しことば辞典　*Akihiko Yonekawa*

Expressions that all Japanese, but few foreigners, know and use every day. Sample sentences for every entry.

Paperback, 176 pages; ISBN 4-7700-2773-7

BUILDING WORD POWER IN JAPANESE: Using Kanji Prefixes and Suffixes

新装版 増えて使えるヴォキャブラリー　*Timothy J. Vance*

Expand vocabulary and improve reading comprehension by modifying your existing lexicon.

Paperback, 128 pages; ISBN 4-7700-2799-0

HOW TO SOUND INTELLIGENT IN JAPANESE: A Vocabulary Builder

新装版 日本語の知的表現　*Charles De Wolf*

Lists, defines, and gives examples for the vocabulary necessary to engage in intelligent conversation in fields such as politics, art, literature, business, and science.

Paperback, 160 pages; ISBN 4-7700-2859-8

JAPANESE VERBS AT A GLANCE

新装版 日本語の動詞　*Naoko Chino*

Clear and straightforward explanations of Japanese verbs—their functions, forms, roles, and politeness levels.

Paperback, 180 pages; ISBN 4-7700-2765-6

MAKING SENSE OF JAPANESE: What the Textbooks Don't Tell You

新装版 日本語の秘訣　*Jay Rubin*

"Brief, wittily written essays that gamely attempt to explain some of the more frustrating hurdles [of Japanese].… They can be read and enjoyed by students at any level."

—*Asahi Evening News*

Paperback, 144 pages; ISBN 4-7700-2802-4

KANJI ORDER OF INTRODUCTION

Lesson 1	1 会	2 社	3 地	4 下	5 鉄	6 時	7 半	8 本
19 赤	20 今	21 話	22 青	**Lesson 3**	23 前	24 中	25 見	26 広
37 店	38 行	39 生	40 回	41 町	42 市	43 内	44 銀	**Lesson 5**
Lesson 6	56 薬	57 度	58 早	59 帰	60 休	61 週	62 病	63 気
74 発	75 母	76 父	77 立	**Lesson 8**	78 思	79 売	80 家	81 聞
92 番	93 入	94 学	95 試	96 験	97 受	98 料	99 払	**Lesson 10**
110 商	111 勉	112 強	113 好	114 外	115 国	116 後	117 高	118 体
129 都	130 駅	131 近	**Lesson 13**	132 預	133 物	134 開	135 同	136 女
147 動	148 黒	149 定	150 心	151 歩	152 映	153 画	154 声	**Lesson 15**
165 図	166 面	167 問	168 題	169 工	170 始	171 末	172 表	173 口
184 毎	185 各	186 少	187 空	**Lesson 18**	188 知	189 教	190 友	191 花
202 手	203 漢	204 意	205 味	206 静	207 借	208 魚	209 英	**Lesson 20**